지역문화는 소멸하지 않는다

경기도문화원연합회 엮음

지역문화는 소멸하지 않는다

발행일 2024년 12월 31일

엮은이 경기도문화원연합회
기획/진행 최영주, 장세영, 김명수
편집위원 고영직, 이동준, 최실비

펴낸이 이근욱
펴낸곳 다랑어스토리

편집 최지애, 김한솔
디자인 이인영, 김준희

출판등록 2015년 6월 24일
등록번호 제2020-000041호
주소 서울특별시 동작구 서달로161-1 3층
전화 02-817-5051
팩스 02-817-5052
이메일 drestory@naver.com

ⓒ고영직 외, 2025

ISBN
979-11-981471-2-7 03300

이 책에 실린 내용 일부나 전부를 다른 곳에 쓰려면
반드시 저작권자의 동의를 받아야 합니다.
책값은 뒤표지에 있습니다.

지역문화는 소멸하지 않는다

경기도문화원연합회 엮음

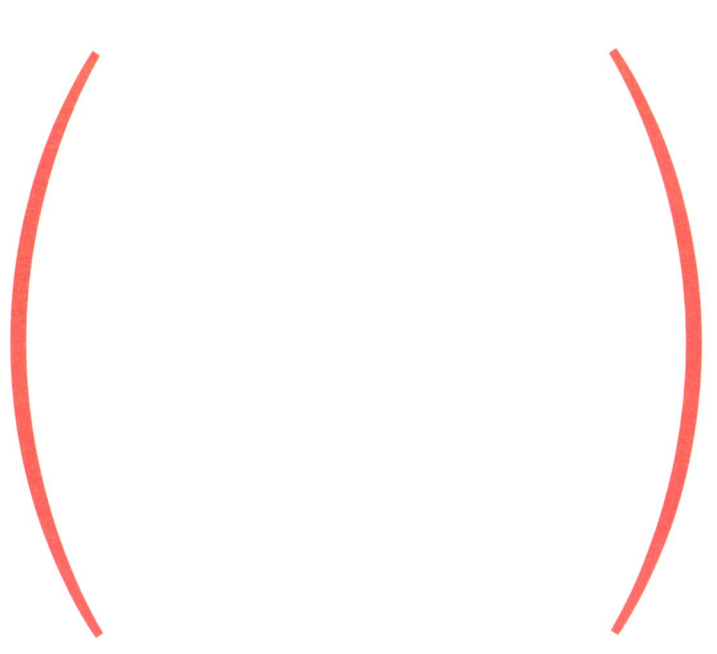

DRES

서문
다른 걸음, 같은 지향 :
소멸하지 않는 지역문화의 힘

김용규
경기도문화원연합회 회장

　지역문화를 둘러싼 환경이 빠르게 변화하고 있습니다. 인구 구조 변화, 정보통신기술의 발달, 생활양식의 다양화 속에서 지역문화원의 역할과 책무 또한 새롭게 정립되어야 할 시점입니다. 경기도문화원연합회는 이러한 시대적 요구에 부응하기 위해 『웹진 경기문화저널』을 통해 지역문화의 현재와 미래를 고민해왔으며, 그 성과를 이 단행본에 담았습니다.

　이번 단행본은 단순한 정보 모음이 아닌, 지역문화의 본질적 가치를 성찰하고 새로운 방향성을 모색하는 담론의 장으로 기획되었습니다. 제1부 '지역문화는 안녕한가?'에서는 현재 지역문화의 진단과 평가를, 제2부 '소멸되지 않는 지역문화, 어떻게 가능한가?'에서는 지속 가능한 지역문화의 조건을, 제3부 '삶을 담는 문화 행갈이'에서는 문화적 실천의 다양한 시도를, 제4부 '로컬의 시대, 경기도 문화원의 변신을 위하여'에서는 지역문화원의 혁신방안을 담았습니다.

　문화원은 오랜 시간 지역의 정체성을 지켜온 문화의 요람이었습니다. 그러나 이제는 '지키는' 역할을 넘어 '창조하는' 역할로 확장될 필요가 있습니다. 지역문화원은 지역의 경계를 넘어 문화적 지평을 확장하는 중요한 역할을 수행해야 합니다.

　　지난 몇 년간 우리 사회는 코로나19라는 미증유의 사태를 경험했습니다. 이는 단순한 전염병 확산의 문제를 넘어 우리의 일상과 문화 활동 전반에 근본적인 변화를 가져왔습니다. 많은 문화 행사가 취소되거나 온라인으로 전환되었고, 대면 활동에 기반한 지역문화원의 활동도 큰 도전에 직면했습니다. 그러나 이러한 위기는 역설적으로 지역문화의 중요성을 재확인하는 계기가 되었습니다. 물리적 거리두기가 강조되는 상황에서 사람들은 오히려 정서적 연대와 문화적 소속감에 대한 갈망을 더욱 강하게 느꼈기 때문입니다.

　　동시에 우리는 인구 감소와 고령화, 지역소멸이라는 또 다른 도전에 직면해 있습니다. 특히 수도권과 비수도권의 격차가 심화되면서 지역문화의 불균형 또한 심각한 문제로 대두되고 있습니다. 이러한 상황에서 지역문화원은 단순히 문화 프로그램을 제공하는 기관을 넘어, 지역의 활력을 되살리고 공동체의 정체성을 강화하는 핵심적인 역할을 담당해야 합니다.

　　경기도는 인구 1,400만에 이르는 거대한 생활권으로, 도시와 농촌, 전통과 현대가 공존하는 복합적인 특성을 지니고 있습니다. 이러한 경기도의 특성은 문화적 다양성의 원천이 되면서도, 동시에 통합된 문화정책을 수립하고 실행하는데 어려움으로 작용하기도 합니다. 따라서 경기도문화원연합회는 각 지역의 고유성을 존중하면서도 공통의 비전을 공유하는 균형 잡힌 접근이 필요하다고 생각합니다.

경기도문화원연합회는 '시대를 공감하고, 시대를 앞서가는' 문화원으로 거듭나기 위해 다음과 같은 방향성을 제시하고자 합니다.

첫째, 지역의 다양성을 존중하는 문화적 포용성을 높이겠습니다. 경기도는 31개 시·군이 각자의 특성을 지니고 있으며, 이러한 다양성은 경기도 문화의 풍요로움을 만드는 원천입니다. 지역별 특성을 살리면서도 공통의 가치를 모색하는 균형 잡힌 접근이 필요합니다. 특히 전통문화를 보존하는 동시에 현대적 감각으로 재해석하고, 지역의 역사적 서사를 현대적 맥락에서 재구성하는 작업을 적극 지원하겠습니다.

둘째, 세대와 계층을 아우르는 문화 민주주의를 실현하겠습니다. 서로가 서로를 돌보는 지역문화 생태계를 만들기 위해서는 다양한 주체들의 참여와 소통이 보장되어야 합니다. 특히 청년층과 노년층, 다문화가정, 장애인 등 다양한 구성원들이 함께 만들어가는 문화 공동체를 지향합니다. 문화가 특정 집단의 전유물이 아닌, 모든 시민이 누리고 참여할 수 있는 보편적 권리가 되도록 노력하겠습니다.

셋째, 디지털 전환 시대에 맞는 새로운 문화 콘텐츠와 플랫폼을 개발하겠습니다. 코로나19를 계기로 가속화된 디지털 전환은 지역문화원에게도 새로운 도전과 기회를 제공하고 있습니다. 전통적인 대면 활동의 가치를 유지하면서도, 디지털 기술을 활용한 새로운 형태의 문화 경험과 참여 방식을 모색하겠습니다. 지역의 문화유산을 디지털 아카이브로 구축하고, 온라인 플랫폼을 통해 더 넓은 대중과 소통하는 방안을 적극 추진하겠습니다.

넷째, 지역문화의 지속 가능성을 위한 제도적, 정책적 기반을 강화하겠습니다. 문화원이 안정적으로 활동할 수 있는 환경을 조성하기 위해 재정 확보, 전문인력 양성, 네트워크 구축 등 체계적인 지원 시스템을 마련하는데 힘쓸 것입니다. 특히 지역문화진흥법의 개정과 지역문화재단과의 협력 강화를 통해 지역문화원의 법적, 제도적 위상을 높이는데 주력하겠습니다.

다섯째, 지역간 문화 교류와 협력을 확대하겠습니다. 경기도 내 31개 문화원은 물론, 타 지역문화원과의 교류를 통해 경험과 지식을 공유하고, 공동 프로젝트를 개발하는데 힘쓰겠습니다. 더 나아가 국제적인 교류와 협력을 통해 우리 지역문화의 세계화와 세계 문화의 지역화를 동시에 추구하겠습니다.

일전 경기도문화원연합회에서 진행한 합동연수에서 "우리는 나란히 가지 못합니다. 하지만 우리는 결국 함께 가고 있다는 사실을 잊지 마시기 바랍니다." 라는 말씀을 드린 적이 있습니다. 경기도 31개 문화원이 각자의 위치에서 각자의 속도로 나아가되, 궁극적으로는 같은 목표를 향해 함께 나아가는 공동체가 되길 희망하는 마음에서 드린 말씀이었습니다. 지역의 특수성과 보편성이 조화를 이루는 가운데, 진정한 의미의 문화 다양성과 포용성이 실현되는 경기도를 함께 만들어가는데 경기도문화원연합회가 앞장서겠습니다.

이 책이 경기도 지역문화의 현재를 진단하고 미래를 준비하는 소중한 자료가 되길 바랍니다. 아울러 문화원 관계자뿐만 아니라 지역문화에 관심 있는 모든 분들께 유익한 통찰을 제공하길 기대합니다. 경기도문화원연합회는 앞으로도 지역문화의 발전과 혁신을 위해 최선을 다할 것을 약속드립니다.

끝으로, 이 책의 발간을 위해 귀중한 원고를 집필해주신 필자 여러분과 편집에 수고해주신 모든 분들께 깊은 감사의 말씀을 드립니다. 앞으로도 『웹진 경기문화저널』을 통해 더욱 풍성하고 깊이 있는 지역문화 담론이 형성되기를 바라며, 경기도문화원연합회는 이를 위한 플랫폼을 지속적으로 제공하겠습니다. 감사합니다.

서문

다른 걸음, 같은 지향 : 소멸하지 않는 지역문화의 힘   김용규   5

제1부 지역문화는 안녕한가?

지역문화, 관료제 유토피아를 넘자	고영직	14
문화, 체육, 관광 그리고 거짓말	이원재	26
안녕安寧을 고하며, 영도의 이야기	이초영	38
'문화예술교육' 말고, "문화예술교육!"	최실비	52
지역문화원 정체성과 문화 민주주의를 위하여	김명수	64
깨져버린 '지역성'과 시골 민주주의	황규관	76

제2부 소멸되지 않는 지역문화, 어떻게 가능한가?

겨울에서 봄을 기다리며 : 민주주의와 문화적 상상력	고영직	86
격변기의 문화정책, 무엇을 해야 하는가?	염신규	96
오이코스의 귀환과 문화의 생태적-지리적 전환	백용성	104
외로움을 넘어, 새로운 연대를 향해	이초영	112
삶의 테두리로서의 '지역'	최실비	120
서로가 서로를 돌보는 지역문화 생태계는 가능하다	이동준	128
학산마당극놀래, '문화공동체예술'의 근거지로서의 마을축제와의 '이별'과 그 이후	박성희	138
대담 〈2024 지역문화 정책 콜로키움 '사라지지 않는다'〉	최실비	146

제3부 삶을 담는 문화 행갈이

로컬의 미래와 문화적 행갈이	고영직	186
삶의 형식을 담은 행갈이는 가능한가	소종민	198
삶의 테두리를 확장하는 방식	최실비	208
'코페르니쿠스는 지금도 지역에서 일하고 있다'	이동준	220
지방문화원, 안 해본 일을 해보기!	김현수	230
생활문화, 납작한 형식과 인식의 틀들	임재춘	244

제4부 로컬의 시대 경기도 문화원의 변신을 위하여

로컬의 시대, 경기도 문화원은 어떤 비전을 제시했나	고영직	254
2024 대한민국 문화예술관광박람회에서 생각해 본 지역문화예술진흥 정책사업 수립과 실행에서 놓치지 않아야 할 다섯 개의 원리	강원재	264
문화원의 안과 밖에서	이승훈	274
좌담 〈문화원 직원들의 조직적 대화〉	최실비	284
전통문화를 이어나가는 의왕단오축제	공은실	298
의례적인 의전을 넘어, 〈드래곤 호의 모험〉으로	구민정	310

제1부

지역문화는 안녕한가?

지역문화, 관료제 유토피아를 넘자
고영직 문학평론가

문화, 체육, 관광 그리고 거짓말
이원재 문화연대 집행위원장

안녕安寧을 고하며, 영도의 이야기
이초영 별일사무소 대표

'문화예술교육' 말고, "문화예술교육!"
최실비 『경기문화저널』 편집위원

지역문화원 정체성과 문화 민주주의를 위하여
김명수 경기도문화원연합회 연구원

깨져버린 '지역성'과 시골 민주주의
황규관 시인

지역문화, 관료제 유토피아를 넘자

고영직
문학평론가

"제발 분수대의 물을 잠가주세요"

2024년 노벨문학상 수상자인 한강 작가의 소설 『소년이 온다』(2014) 3장 '일곱 개의 뺨'에는 어느 여고생이 '그날' 이후 도청 앞 분수대에서 물이 나오자 도청 민원실에 민원을 넣는 장면이 등장한다. 전두환 신군부에 의한 1980년 5월의 '학살극'이 종료된 상황에서 여느 여름처럼 아무런 일이 없었다는 듯 도청 앞 분수대에서 물이 뿜어져 나오는 걸 보자 참다못한 어느 여고생이 민원실에 민원을 넣은 것이다. 수업 결손을 메우기 위해 팔월 초순까지 수업이 계속되지만, 여고생은 하교할 때마다 끈질기게 민원실에 전화한다.

"분수대에서 물이 나와서는 안 된다고 생각합니다, 제발 물을 잠가주세요."

그러자 공무원들은 처음에는 "예에, 의논해보겠습니다."라고 대응한다. 그러다 같은 민원이 계속되자 어느 날 나이 든 여사무원이 "그만 전화해요, 학생. 학생 같은데 맞지요. 물이 나오는 분수대를 우리가 어떻게 하겠어요. 다 잊고 이젠 공부를 해요."라고 대응한다.

특유의 시적 문장으로 5.18이라는 역사의 트라우마를 응시하며 십 대 희생자 '동호'를 소환하는 작품인 『소년이 온다』는 강요된 망각에 맞서 '기억 투쟁'의 아름다움을 잘 보여준다. 그리고 위 에피소드는 당시 광주에서 있었던 실화實話였다고 한다. 당시 35세가량의 여성이 도청 앞 분수대를 정지시켜달라는 민원을 넣은 자료가 국가기록원에 보관되어 있다. 한강 작가는 5.18 관련 자료를 참조하여 소설을 구성했다. 작품을 보며 "분수대에서 물이 나와서는 안 된다고 생각합니다, 제발 물을 잠가주세요."라며 민원을 제기하는 장면에서 인간에 대한 예의와 역사에 대한 예의를 지키고자 한 시민들의 마음을 확인한다. 다시 말해 관료제에 맞서고자 한 무명無名 시민들의 아름다운 저항을 엿보게 되는 것이다.

다양성보다 모노톤 선호하는 '행정가의 숲'

하지만 관료제는 점점 강화되고 있다. '감시 자본주의'는 인간 정신의 고군분투를 거름 삼아 갈수록 성장하고 있고, 이에 따라 관료제가 더욱 견고해지고 있다. 또 지역(문화)에 대한 중앙정부의 냉담함과 무관심 또한 갈수록 기승을 부린다. 지역문화진흥원의 대표사업인 '지역문화 전문인력 양성사업'은 2024년 예산이 전액 삭감되어 사업이 사실상 폐지되었다. '사람'을 키워야 한다고 강조하지만, 사람을 키우는 데는 인색하기 짝이 없는 중앙정부의 어이없는 행정폭력을 확인할 수 있다. 이에 따라 지역에서 문화와 예술 활동을 하며 먹고사는 사람들의 살림살이가 팍팍해지고 있다.

최근에는 핵개인과 분인分人이라는 신조어가 등장했다. 기술철학자 마크 코켈버그는 『알고리즘에 갇힌 자기계발』(2022)에서 "이제는 근대적 개인Individual이 아니라 수많은 데이터베이스와 컴퓨터 파일에 분산되어 있는 분인分人, Dividual이 존재한다"고 말한다.

한강 작가의 소설 『소년이 온다』 표지

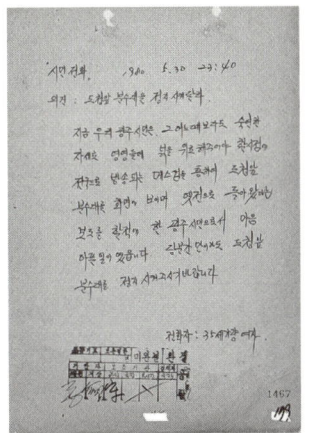

1980년 5.18 당시 어느 여성이 도청에 제기한 민원 내용.
국가기록원이 보관하고 있다.

지역문화는 안녕한가?

그에 따르면 우리는 더 이상 근대적 개인이 아니라 탈근대적 분인分人이 되어 AI를 비롯한 디지털 기술에 의해 분석되고 통제되는 신세가 되었다고 말한다. 이런 사회에서는 사람들간의 신뢰보다는 오직 자기 보존이 중요한 척도가 된다.

다시 지역은 무엇으로 사는가를 물어야 한다. 그리고 한 사람의 시민으로서 '피어나는 삶'을 살아야 하고, 내가 사는 지역이 '피어나는 지역'이 되어야 한다. 하지만 지역(로컬)의 미래를 생각하면 걱정이 앞선다. 글로벌 복합위기는 계속되고 있고, 부자 감세 등에 따른 세수 감소는 지방보조금 삭감으로 현실화하면서 지역의 미래와 전망을 어둡게 한다. 문화정책 환경 또한 급변했다. 윤석열 정부에서 민-관 거버넌스는 실종되었고, '위원회 거버넌스'조차 잘 작동하지 않는다. 인구소멸, 지역소멸이라는 이슈에 잘 대응하기 위해 어느 때보다 '행동하는 거버넌스'가 필요하지만. 중앙정부와 지역 간 공존의 지혜는 잘 보이지 않는다.

예를 들어 문화도시 정책의 경우 '대한민국 문화도시'라는 이름으로 바뀌었지만 바뀐 것은 이름뿐만 아니다. 지금의 문화도시 사업은 '모든 도시는 특별하다'고 강조하지만, 지자체 행정이 지역의 시민들 및 문화(예술)를 대하는 태도는 하나같이 반反문화적이고 반反인문적이라는 점에서 똑같다. 이것은 법정 문화도시든 대한민국 문화도시든 간에 대동소이하다. 문화도시 사업을 추진하는 지방자치단체의 행정에서 가장 필요한 자본은 '인내자본'이지만, 그 어느 곳에서도 인내자본은 찾을 길 없다. '지역문화정책은 지역에서'라는 정책 기조가 지역 현장에서 지켜지지 않는 이유는

영암문화관광재단이 주최한 〈2004 영암문화포럼〉 장면

2024 영암문화포럼 참여자들이 영암의 옛 정미소를 리모델링한
유휴공간을 둘러보고 포즈를 취했다.

지역문화는 안녕한가?

결국 행정의 인내자본의 결핍에서 비롯했다.

지역과 지역문화를 지원하는 국고보조금의 운용 또한 보충성의 원리에 충실히 따라야 한다. 보충성의 원리는 가장 최소단위, 가장 약한 단위를 보호하고 존중하는 원리라고 할 수 있다. 하지만 국고보조금을 관리하는 e나라도움 시스템은 보충성의 원리에 충실한 시스템이라고 볼 수 없다. e나라도움은 '규칙들의 유토피아 The utopia of rules'를 실현하고자 한 관료제 유토피아의 꿈을 구현한 시스템일 수 있다. 행정은 다양성보다는 모노톤 Monotone 을 훨씬 더 선호한다. 미국 정치학자 제임스 C.스콧은 모노톤을 선호하는 행정의 행태를 '행정가의 숲'이라고 명명했다. 그는 행정가의 숲을 대체하는 대안은 '자연주의자의 숲'이어야 한다고 역설한다. 숲의 건강함은 다양성에서 비롯한다. 지역문화의 생태계 또한 다양성이라는 토양에서 자란다는 것은 말할 나위 없다.

피어나는 삶, 피어나는 지역

최근 지역문화의 현재와 미래를 돌아보는 몇몇 포럼에 참여했다. 전남 영암군·영암문화관광재단이 주최한 '2024 문화활동가 영암문화포럼' 〈영암에서 도모하는 문화정책의 내일〉(2024. 12. 13. ~ 12. 14.)과 더불어 전남 목포시·해남군·완도군·진도군·신안군 등 5개 시·군이 주최하고, 완도군과 한국섬진흥원이 공동주관한 〈2030 World Island Net 프로젝트 : 서남해안 섬의 새로운 연대〉(2024. 12. 20.) 포럼이 그것이다.

　　영암문화포럼에서는 전국에서 모인 60여 명의 참가자들은 격변기를 맞이한 지역문화의 현재와 미래를 진단했다. 특히 이런 격변기일수록 중요한 것은 분권과 자치의 관점이며, '새로운 상상'이 중요하다는 점에 십분 공감했다. 새로운 지역문화를 위한 문화 공론장이 필요한 것은 너무나 당연하다고 합의했다. 이날 나온 여러 의견들 가운데 문화컨설팅 바라 권순석 대표가 제안한 '통합지원사업'은 정부 차원에서 적극 시도할 만한 정책이라고 판단된다. 권 대표는 "지역의 입장에서 지역의 필요에 의해 설계되고 지원되는 분권과 자치의 의미를 부여할 수 있는 지원사업의 패러다임 전환, 바로 통합지원사업의 출발이다."라고 말한다. 지속 가능한 지역문화 활동을 보장하고, 서로 다른 지역의 문화 현실을 인정하자는 차원에서 통합지원사업을 제안한 것이다. 새로 출범하는 정부가 적극 수용해야 할 정책이 아닌가 한다. 더 이상 지역과 지역문화 정책을 정부의 손에 내맡길 수 없다.

　　12월 20일 완도군 생활문화센터에서 열린 〈2030 W.I.N. 프로젝트〉에서는 지역 소멸 위기에 처한 서남해안 섬 지역 기초자치단체들의 고민과 비전 그리고 문화·예술적 상상력을 들을 수 있었다. 목포에서 쓰레기의 오비추어리 활동을 해온 서동효 스몰액션 메인디렉트의 발표가 퍽 인상적이었다. 이날 포럼에서 가장 많이 나온 키워드는 '함께 *Together*'라는 단어였다. '서남해안 섬의 새로운 연대'라는 행사 취지처럼 연대와 협력이 없고서는 섬 인구 유출을 막을 수 없다고 보았기 때문이다.

하지만 지역다운레이블 장상기 대표의 언급처럼, 5개 시·군 기초자치단체들이 내세우는 성장 전략은 시장 논리에 기반한 것이 다수였고, 과연 지역 주민들과는 어떻게 '함께' 하려 하는지가 잘 보이지 않았다. 섬에 문외한인 나는 좌장으로 참여해 조금 엉뚱한 제안을 했다. 임진왜란 당시 이율곡이 십만양병설을 주장했듯이, "전국의 예술가 1만 명을 선발해 서남해안 섬에 레지던시하도록 하는 정책을 추진하면 섬의 소멸과 서사의 소멸을 막을 수 있지 않겠느냐?"고 제안했다. 『시골빵집에서 자본론을 굽다』(2014)의 저자인 와타나베 이타루가 빵집을 운영하며 지역 브랜딩을 성공적으로 수행했듯이, 섬에 체류한 예술가의 작업과 활동에서 새로운 이야기들이 쏟아져나올 것이라고 나는 믿어 의심치 않는다.

하지만 지역과 지역문화에 대한 정부의 정책 기조는 2023년 지방시대위원회(위원장 우동기)가 발표한 '뉴거버넌스' 전략과 비전에서 보듯이 자본 논리에 치우쳐 있다. '사람'을 키우고, '사람'에 투자하는 데에는 상상력이 좀처럼 미치지 못한다. 지방시대위원회가 중점 추진과제로 발표한 아홉 개의 과제를 보라. 특구를 만들고, 시설을 짓고, 산업을 육성하고, 규제를 해소한다고 지역과 지역문화의 생태계가 조성되는 걸까. 과감한 발상의 전환이 필요한 시점이다.

지방시대위원회 중점 추진과제

① 기회발전특구 지정으로 양질의 신규 일자리 창출
② 교육발전특구 도입 및 지역-대학 동반 성장 : 지역인재 육성

③ 도심융합특구 조성으로 지방활성화 기반 구축

④ 로컬리즘('지방다움')을 통한 문화·콘텐츠 생태계 조성

⑤ 지방이 주도하는 첨단전략산업 중심 지방경제 성장

⑥ 디지털 재창조로 지방 신산업 혁신역량 강화

⑦ 매력 있는 농어촌 조성으로 생활인구 늘리기

⑧ 지방 킬러규제의 속도감 있는 일괄 해소로 지역 민간투자 활성화

⑨ 분권형 국가 경영 시스템 구축으로 지역맞춤형 자치 모델 마련

'분해의 철학자'인 일본 환경학자 후지하라 다쓰시는 '덧셈'과 '곱셈'을 숭배하는 근대의 신화에서 벗어나 '뺄셈'이며 '나눗셈'인 세계로 시선과 태도를 전환하자고 제안한다. 일종의 역주행의 상상력이다. 다시 말해 우리가 사는 세상은 '만든다, 생산한다, 쌓는다, 올린다, 거듭한다, 산출한다' 등의 말이 나타내듯이, 온통 활성도를 재는 척도가 지배하고 있다. 지역과 지역문화에 대한 정책 또한 활성화 차원에서 추진되는 것은 마찬가지라고 할 수 있다. 하지만 문화와 예술은 어쩌면 '역류*逆流*'의 상상력을 발휘할 때 오히려 제 역할을 다할 수 있지 않을까. 특히 이런 장기 불황의 시대일수록 역류의 상상력이 필요하다.

고대 그리스 사람들은 '좋은 삶'을 인생 최고의 목표로 삼았다. 누구보다 좋은 삶에 진심이었던 철학자 아리스토텔레스는 그리스어 '에우다이모니아 *Eudaimonia*'라는 개념을 통해 '피어나는 삶

Flourishing life'이야말로 좋은 삶이라고 정의했다. 이 말은 원래 '다이몬_{Daimon}'이 활성화된 상태'라는 뜻이다. 사람의 행복은 가능성과 더 충만한 삶을 찾아가는 역동적이고 능동적인 활동이라는 의미를 갖는다. 경제학자 홍기빈은 에우다이모니아라는 개념을 현대적으로 재해석하며, 우리 행동의 목적은 "더 많은 돈이 아니라, 나의 좋은 삶"[1]이어야 한다고 강조한다. 피어나는 지역은 저마다 피어나는 삶에서 시작된다. 저마다 피어나는 삶이 피어나는 로컬을 만든다.

---

1 홍기빈, 『위기 이후의 경제철학』, ebs북스, 2023, 192쪽.

2030 World Island Net 프로젝트 포럼 모습.
서남해안 섬의 새로운 연대를 주제로 열렸다.

2030 World Island Net 프로젝트 포럼 포스터

지역문화는 안녕한가?

문화, 체육, 관광
그리고 거짓말
2025년 문체부 예산안을 회고하며

이원재
문화연대 집행위원장

이 글을 청탁받았을 때와 이 글을 써야 하는 지금은, 세상이 달라도 너무 다르다

이 글은 본래 윤석열 정부 3년 차인 2025년의 문체부 예산안에 대한 비판적 검토를 담을 예정이었다. 하지만 이 글을 쓰는 지금(2025년 12월 20일 이른 새벽) 윤석열 정부는 사실상 소멸 상태다. 윤석열 대통령은 〈12.3 비상계엄〉 등과 관련하여 고위공직자범죄수사처, 검찰, 경찰 등의 내란죄 피의자가 되었고, 헌법재판소의 탄핵 심판을 기다려야 하는 신세가 되었다. 한덕수 국무총리를 비롯하여 정부의 국무위원들 역시 일부는 이미 구속수사를 받고 있으며, 국무총리를 비롯하여 다수의 국무위원이 〈12.3 비상계엄〉에 대한 법적, 사회적 책임을 져야 할 운명이다. 문체부 예산안의 책임자라고 할 수 있는 유인촌 문체부 장관은 어떠한가. 불확실한 정국 속에서 문화정책의 안정적인 운영은 고사하고 소속기관인 한국예술종합학교에 대한 비상계엄 휴교령 사태와 거짓 해명 논란으로 인해 사회적 혼란만 가중하고 있다. 심지어 유인촌 장관은 이와 관련된 사과 브리핑 자리에서 엉뚱하게 "2025년도 예산을 신속히 집행해 문화·체육·관광 분야에 대한 비상계엄 여파를 최소화하겠다."라며 "문체부는 내년 예산 7조 672억 원 중 70%에 해당하는 약 4조 9천470억 원을 상반기에 집행한다는 방침"이라고 야심에 찬 계획을 밝혔다.[1] 정말, 헛웃음만 나온다. 결국 우리는 문화에

---

1 임순현 기자, 〈고개 숙인 유인촌 "계엄은 잘못된 것… 한예종 폐쇄 관여 안해"〉, 연합뉴스, 2024년 12월 18일자. https://www.yna.co.kr/view/AKR20241218076751005.

술계 116개 단체로부터 내란죄로 고발당한 유인촌 장관의 2025년 문체부 예산 조기 집행을 비롯하여, 문화예산 정책의 파국을 우려해야 하는 시국과 마주하고 있다.

<12.3 비상계엄> 사태로 인한 파행 이전부터, 윤석열 정부와 유인촌 장관의 문화예산은 이미 2024년부터 재난이었다

문체부가 2024년 예산을 문화정책의 방향과 기준 없이, 전례가 없는 무더기 삭감을 감행했기 때문이다. 유인촌 장관이 직접 나서서 2024년 내내 '올해 삭감된 문화예산, 내년 모두 회복'[2]하겠다는 호소를 반복했어야 할 정도로 문체부의 2024년 예산은 심각했다. 하지만 더욱 심각한 것은 문화예산을 갑자기 '대폭 삭감'했던 정부가 불과 차기 연도 예산안 수립 과정에서 '모두 회복'하겠다고 강조할 정도로, 정부의 문화예산이 최소한의 일관성과 지속성조차 확보하지 못한 채 즉흥적으로 운영되고 있었다는 점이다. 상식이 있는 사람이라면 "그렇다면 왜 예산을 삭감했는가?", "무리하고 일방적인 예산 삭감으로 사업의 연속성이 실종되고, 이로 인한 사회적 손실은 누가 책임질 것인가?", "같은 정부에서 예산을 전액 삭감하고 다시 몇 개월 만에 모두 회복하는 예산정책의

---

2 권혜미, 〈유인촌 장관 "올해 삭감된 문화예산, 내년 모두 회복"〉, 전자신문, 2024년 4월 24일. https://m.etnews.com/20240424000362.

원칙과 기준은 무엇인가?"라고 되물을 수밖에 없다.

이런 과정에서 윤석열 정부의 2025년 문화예산 역시 제대로 수립되었을 리가 없다. 문체부는 지난 8월 28일 보도자료[3]를 통해 아래와 같이 2025년 예산안을 발표했다. 이와 관련하여 문체부는 2025년 문체부 예산안이 7조 1,214억 원 편성됐으며, 이는 2024년 대비 1,669억 원, 2.4% 증가한 규모로, 윤석열 정부의 세계 문화 강국 도약 의지가 반영된 결과물이라고 설명했다. 그리고 문화예술 부문의 경우 2024년 예산 대비 407억 원 증가한 2조 4,090억 원, 가장 큰 비중이라고 강조했다.

2025년 문체부 부문별 예산안 편성 현황

(단위: 억 원, 총지출 기준)

구분	2024년 본예산		2025년 정부안		전년 대비 증감	
	예산액(A)	비중(%)	정부안(B)	비중(%)	(B-A)	%
합계	69,545	100	71,214	100	1,669	2.4
문화예술	23,683	34.1	24,090	33.8	407	1.7
콘텐츠	12,800	18.4	12,995	18.2	195	1.5
관광	13,161	18.9	13,479	18.9	318	2.4
체육	16,164	23.2	16,751	23.5	587	3.6
기타	3,737	5.4	3,899	5.5	162	4.3

※ 출처: 문화체육관광부 보도자료, 〈2025년 문체부 예산안 7조 원 돌파, '문화로 행복한 하루, 풍성한 내일' 연다〉, 2024년 8월 28일.

---

[3] 문화체육관광부 보도자료, 〈2025년 문체부 예산안 7조 원 돌파, '문화로 행복한 하루, 풍성한 내일' 연다〉, 2024년 8월 28일. https://www.mcst.go.kr/kor/s_notice/press/pressView.jsp?pSeq=21331. 이하 별도의 표기가 없는 경우, 문체부 2025년 예산안 관련 수치는 본 자료에서 인용한 것임.

문체부의 주장은 사실과 다르다
문체부가 숫자로 장난을 치고 있기 때문이다

문체부는 7조 원을 넘어섰다는 점을 강조했지만, 오히려 주목해야 하는 부분은 총계 기준의 규모 자체가 줄었다는 사실이다. 왜냐하면 일반회계와 다르게 기금의 총계 규모가 줄었기 때문이다. 기금은 속성상 적립한 재원을 가지고 사업을 통해 지출도 하지만 다른 회계나 기금으로 전출함으로써 내부적 재정조정을 하는 기능도 있다. 적어도 2025년 문체부 예산의 중요한 특징 중 하나는 기존에 기금을 융통성 있게 운영함으로써 그나마 필요를 충족했던 편성 방식이 구조적으로 불가능하게 바뀌고 있다는 점이다."[4] 심지어 영화발전기금은 2023년 1,670억 원 수준이었던 규모가 2024년에 1,377억 원에서 2025년 936억 원으로 32%나 감소하였으며, 관광진흥개발기금의 일반회계 전출금은 전년 대비 무려 70%가량 감소했을 정도로 문화재정의 위기는 심각하다.

문체부가 이번 예산안 발표에서 강조했던 문화예술 부문의 경우 2024년 예산 대비 407억 원 증가한 2조 4,090억 원이라는 주장 역시 본질적으로는 사실을 왜곡하고 있다. 실질적인 문화예산이라고 할 수 있는 문체부 소관 기금 등을 포함한 문화·체육·관광 예산안으로 접근하면, 문화예술 부문은 문체부 주장과 달리 실제

---

[4] 김상철, [이슈: 2025년 문화부예산①] 짝퉁이 판을 치는, 문화정책리뷰, 2024년 9월 6일. https://culture-policy-review.tistory.com/322.

199억 원이 오히려 감소[5]한 것으로 확인된다.

지역문화 예산 역시 심각하다

윤석열 정부가 '지방시대'를 선언했다는 것이 허무할 정도로 문체부 지역문화 진흥 예산은 급격하고 위험하게 삭감되고 있다. 문체부 2025년 예산안에 따르면, 지역문화 진흥 정책 사업 예산은 16억 원에 불과하다. 이는 2023년 결산 기준 476억 원 대비 불과 4%에 불과한 예산 규모만 남았다. 이제 대놓고 문체부가 지역문화 진흥 정책은 하지 않겠다고 공개 선언한 셈이다.

지역문화 사업 주무부서인 지역문화정책관 예산 역시 마찬가지다. 윤석열 정부가 예산을 편성하기 시작한 2023년부터 급격하게 감액되기 시작, 2025년 예산안까지 3년 연속 감소하며 2022년 예산의 절반 수준(2021년 5,890억 원에서 2025년 3,315억 원)으로 급락 중이다.

더욱 위험한 것은 지역문화 예산의 위기가 단순히 예산 감액의 문제만이 아니라는 점이다. 정부의 지방이양 정책에 따라 지방이양 사업 폐지와 축소가 무차별적인 예산 부담 떠넘기기로 진행되면서, 지역문화 생태계를 구성해 온 핵심 사업들이 사라지고 있다. 2024년, 2025년 문체부 예산안에서 최대 이슈였던 학교문

---

[5] 국회예산정책처, 〈2025년도 예산안 12대 분야별 재원 배분 분석〉, 2024.

화예술교육 사업이 대표적이다. 문체부는 지방이양 사업을 핑계로 해당 예산을 72% 삭감하며 사실상 지역 내 학교문화예술교육 사업에 대한 폐지를 강요하고 있다.[6]

문체부 지역문화정책관 예산 감소 추이

(단위 : 억 원, %)

구분	2021년	2022년	2023년	2024년	2025년 정부안
예산	5,890	5,807	4,630	3,917	3,315
증감		-83(1.4)	-1,177(20.2)	-712(15.4)	-602(15.3)

※ 자료 : 조계원 국회의원, 〈윤석열 정부 지역문화 활성화 정책 … 헛 구호에 그쳐〉, 국정감사 보도자료, 2024년 10월 7일.

문체부의 2025년 예산안보다
더 심각한 것은 정부의 국가재정운용계획이다

기획재정부(이하 기재부)는 지난 8월 27일 2025년 예산안과 국가재정운용계획(2024~2028)을 발표하였다.[7] 문화·체육·관광 분야의 2025년도 예산안 규모는 8.8조 원으로, 전년도 예산 8.7조 원 대비 0.1조 원(1.3%) 증가하여 2019~2023년 연평균 증가율(4.5%) 대비 상승세 자체가 둔화[8]되었다. 주목할 점은 문화·체

---

6 이와 관련하여 문체부는 윤석열 대통령의 정책토론회 사업인 〈늘봄학교〉 사업에는 32억 원을 신규 편성하여 빈축을 사고 있다.
7 기획재정부 보도자료, 〈약자복지 키우고 미래도약 투자 대폭 늘린다 : "민생활력, 미래도약" 2025년도 예산안 및 2024~2028 국가재정운용계획 발표〉, 2024년 8월 27일.
8 국회예산정책처, 〈2025년도 예산안 12대 분야별 재원 배분 분석〉, 2024.

육·관광 분야 지출의 2019~2023년 연평균 증가율이 4.5%로 같은 기간 정부 총지출의 연평균 증가율(7.8%)보다 낮다는 사실이다. 총지출 내 문화·체육·관광 분야의 비중은 1.5%에서 1.3%까지 하락했다.

  정부의 중장기 재정 계획의 측면에서는 더욱 우울하다. 〈2024~2028년 국가재정운용계획〉에 따르면 해당 기간 문화·체육·관광 분야 총지출의 연평균 증가율은 1.0%로, 정부 총지출 연평균 증가율 3.6%보다 2.6% 낮아 2028년에는 총지출 대비 비중이 1.2%까지 하락할 예정이다. 이는 2023~2027년 문화·체육·관광 분야 연평균 증가율은 2.1%, 정부 총지출 증가율은 3.6%로 그 차이가 1.5% 낮았던 것과 비교하면, 문화·체육·관광 분야의 연평균 증가율이 더욱 감소하여 총지출 증가율과의 차이가 더욱 확대된다는 것을 의미한다. 직전 중기계획 대비 문화·체육·관광 분야 투자 계획이 지속해서 축소되고 있는 경향만 확인한 셈이다.

  정부의 계획대로라면 관광 부문 2.3%, 체육 부문 2.2% 수준의 낮은 연평균 증가율도 문제지만, 심지어 문화예술 부문은 연평균 0.3% 감소할 전망이다. 문체부가 2025년 예산안에서 강조했던 윤석열 정부의 세계 문화 강국 도약 의지가 반영된 결과물이라는 말이 공허하게 느껴지는 이유다. 물론 지금은 '그 의지' 자체가 아무 의미가 없어졌지만.

국가재정운용계획 상 문화·체육·관광 분야 지출 추이 및 계획

(단위 : 조 원, %)

구분	2020	2021	2022	2023	2024	2025	2026	2027	2028	연평균 증가율
2020 - 2024	8.0 (10.6)	**8.4** (5.1)	8.8 (4.7)	9.2 (4.0)	9.4 (3.0)					(4.2)
2021 - 2025		8.5 (5.8)	**8.8** (3.9)	9.1 (3.5)	9.4 (3.5)	9.8 (3.4)				(3.6)
2022 - 2026			9.1 (7.3)	**8.5** (△6.5)	8.7 (2.7)	8.9 (1.9)	9.1 (1.8)	9.1 (1.8)		(△0.1)
2023 - 2027				8.6 (△5.4)	**8.7** (1.5)	8.9 (1.8)	9.1 (2.7)	9.4 (2.6)		(2.1)
2024 - 2028					8.7 (1.3)	**8.8** (1.3)	8.9 (0.9)	9.0 (0.9)	9.1 (0.8)	(1.0)

주 : 1. 음영(굵은 숫자)은 정부제출 예산안, 음영 앞은 해당연도 본예산을 의미
    2. '괄호 안은 전년대비 증가율을 의미
자료 : 각 연도 「국가재정운용계획」을 바탕으로 재작성
※ 출처 : 국회예산정책처, 〈2025년도 예산안 12대 분야별 재원 배분 분석〉, 2024.

이제 문화예산 정책의 전환점이 필요한 때다[9]
무엇보다 맹목적인 성장주의부터 극복해야 한다

지금까지 우리는 문화예산에 대한 질적 검토·평가는 생략한 채, 오직 양적 성장주의만을 강조해 왔다. 그 결과 우리에게 '문

---

9 2025년 문체부 예산안의 세부 내용에 대한 분석과 정책 과제에 대해서는 〈윤석열 정부 문화예산 정책의 현황과 문제점〉(이원재, '윤석열 정부 2025년도 문화체육관광 예산 토론회' 자료집, 문화연대 외, 2024년 11월 04일) 참조. https://culturalaction.org/85/?q=YToxOntzOjEyOiJrZXl3b3JkX3R5cGUiO3M6MzoiYWxsIjt9&bmode=view&idx=124789067&t=board.

화예산' 하면 가장 먼저 떠오르는 공식이 바로 '정부 예산 대비 문화체육관광부 예산 비율'이다. 거의 모든 집권 세력은 문화공약으로 '문화예산 1% 달성', '문화예산 2% 달성' 등을 상징적인 문화정책 목표로 제시해 왔다. 하지만 현재 우리 사회에서는 문화의 중요성이 높아지고, 정부 각 부처에서 문화 관련 사업들이 광범위하게 집행되고 있다. 문화체육관광부와 소속 기관 예산만을 문화정책의 대상으로 접근하는 것은 시대착오적이며 비합리적인 재정 운용이다. 개별 사업 단위로 보면 문체부와는 비교도 안 될 정도의 대규모 예산이 국토교통부, 농림축산식품부, 해양수산부, 행정안전부, 지방시대위원회 등을 통해 문화의 옷을 입은 개발사업으로 진행되고 있다. 또한 지역분권 정책, 지방자치 제도의 변화 역시 '정부 예산 대비 문화체육관광부 예산 비율'의 정책적·제도적 한계를 명확하게 하고 있다. 중앙 정부 정책의 지방이양이 가속화되면서 문화예산이 큰 폭으로 증감하고 있기 때문이다. 이제 문화정책은 문화예산 몇 퍼센트(%)식의 숫자 맞추기가 아닌 국정 운영 전반에 걸쳐 문화재정의 현실적인 운영 프로세스와 전략에 대해 고민해야 할 때다.

  지난 30여 년 동안 대한민국 정부의 문화정책이 국가·행정 주도의 가속·압축된 성장기였다면, 이제 정부 문화정책의 핵심 과제는 국가·행정 주도의 성장주의·성과주의 과정에서 왜곡된 문화정책을 정상화하고 지속 가능성을 확보하는 방향으로 재조정돼야 한다. 문화예산 역시 무조건적인 양적 팽창 중심에서 벗어나 정책목표와 방향, 중장기 문화재정과 적정 예산 편성, 현장 중심의 민주적인 상향식 예산 지원체계 수립, 문화적 가치에 기반한 합리적인 성과평가 체계 확보 등에 주목해야 한다. 기후위기 대응, 탈성장, 지속 가능성 등의 관점에서 본다면 이제 예산은 많을수록 좋다가 아니라 예산은 적절해야 한다 혹은 정책의 가치 실현과 현장 문화·예술 생태계에 실질적으로 도움이 되는 예산 지원 방법을 적극적으로 모색해야 한다.[10]

---

10 이원재, 〈지구와 국가 차원에서 문화예산 정책의 전환이 필요한 때〉, 아르코 웹진 에이스 퀘어(A SQUARE) 제14호, 2025년 1월.

안녕安寧을 고하며, 영도의 이야기

이초영
별일사무소 대표

'문화도시 영도'는 이제 우리 주민들의 일

'문화도시 영도를 지키는 시민대책위원회'의 단톡방이 분주하다. 지난 11월 30일, 〈2차 문화행동의 날〉의 행사 사진과 영상이 연거푸 올라온다. 어린아이부터 노인까지 모여서 문화제를 하고 시민 공청회를 열어 '문화도시 영도가 지속되어야 하는 이유'를 계속 밝히는 중이다.

인프라가 부족했던 고향이 다채로운 섬이 되었다고 하는 영도 출신의 청년, 동네 예술가를 만나서 적적했던 하루가 특별해졌다는 연세 지긋한 어르신, 학원에서 배울 수 없는 예술적 감성을 보물섬 영도에서 배웠다는 초등학생까지, 모두가 달라진 영도에서의 삶을 이야기했다.

올해 사업 5년차, 1기 법정문화도시인 부산 영도구는 다방면으로 뛰어난 성과를 나타냈다. 도시의 의제를 문화예술로 대응한다는 비전 아래, 찾아가는 예술활동으로 고립감을 완화하고, 어린이·청소년 문화예술교육 전용 공간을 만들어 지역 돌봄과 인구소멸의 두 가지 난제에 동시에 맞섰다. 최우수문화도시로 선정됨은 물론, 영도라는 섬의 정체성이 담긴 '영도체'와 '한 선 잇기 브랜딩'으로 세계 디자인 4대 어워즈를 수상했다. 이렇듯 큰 변화를 만든 문화도시 사업을 영도구가 지속하는 것으로 보였으나, 예산이 부족하다는 이유로 사업종료를 결정했다. 문화도시 사업의 지속을 원하는 주민들의 면담 요청에도 묵묵부답, 수수방관하고 있다. 이날 역시, 영도구 주요 관계자를 초청해서 지역 주민들과 의견

2023 문화도시 박람회 & 국제 컨퍼런스 개막식

을 나누자는 취지로 마련된 자리였지만, 그들은 끝내 나타나지 않았다. 앞서 주민들은 문화도시 영도의 존립을 위해 9월 20일, 〈1차 문화행동의 날〉을 열었고, 참여 시민 누적 210명이 39일 동안 릴레이 피켓시위로 영도구청 앞 출근길을 지켰다. 매일 나오는 주민이 거기서 거기고, 적은 인원이라 대응하지 않는다는 뒷말을 들으면서도 서 있는 주민들은 의연했다.

한 선 잇듯, 연결하고 관계 맺고

2021년, 영도문화도시센터에서 '고립'과 관련한 연구를 제안받았을 때, 시류를 고민한다는 목적과 함께 영도의 사회적 환경에 대응하는 일임을 직감했다. 낮은 재정자립도, 빠져나가는 인구, 늘어가는 빈집들이 영도구의 상황을 말해주고 있었다. 이렇게 '본인의 의사와는 상관없이 외로워지는 사회에서 문화예술은 무엇을 할 수 있을까?'라는 물음을 안고 시작한 지 4년째, 영도의 결핍 요소를 다방면의 문화예술 활동으로 보완하고 예방하면서 끊임없이 '연결'과 '관계'에 주목하고 있다.

〈똑똑똑 예술가〉는 4년째 비자발적 고립에 처한 주민들의 집을 예술가가 직접 방문하여 함께 예술 활동을 하고 있다. 참여 주민 개인마다 하고 싶은, 또는 해보고 싶었던 예술 장르를 선택하여 예술가와 둘러앉아 도란도란 글 쓰고, 그림을 그리며 노래도 부른다. 우리 동네 주민이자 예술가 선생님은 손님인 듯, 아닌 듯 서로 이야기를 들어주는 상대이다. 〈똑똑똑 이웃파티〉는 지역에 터를 잡은 탈시설 장애인의 자립 축하 파티를 열어 새로운 주민을 환대하고 이웃으로 연결하는 시간을 가진다. 동네 곳곳에서 이들의 꿈이 이루어지는 아름다운 순간이 펼쳐진다. 주민들이 보내준 사연의 장소로 직접 〈찾아가는 예술배달〉은 문화예술 활동을 접하기 어려운 어린이집, 가족센터, 노인복지관 등 영도 곳곳을 직접 방문해서 연주회를 연다.

〈시민동아리〉, 〈시민동아리PD〉가 영도 전역에서 활발하게 커뮤니티 활동을 했다면, 이웃과 소통하고 교류하는 영도의 생활문화 공간인 〈연결공간〉이 없다면 어디에서 어떻게 만날 수 있을까.

23개 영도 로컬문화 비즈니스 협력 단체들의 공동 프로젝트인 〈영도 로컬문화 비즈니스 공동 행사〉는 북스테이, 골목마켓, 전시체험, 업싸이클링 작품 제작, 할매 마을강사 육성 프로그램 등을 개최했으며, 〈YD컴온클럽〉은 로컬문화인들이 호스트가 되어 동료를 찾고, 현장에서 겪은 경험과 노하우를 공유하는 자리로 구성했다. 모두 동네에서 소소하게 복작복작하는 분위기의 프로젝트이다. 특히 '로컬문화', '로컬문화인'이라는 단어가 한눈에 쏙 들어온다.

여기까지 안과 안을 연결하는 이야기라면, 이젠 바깥과 안을 연결하는 이야기이다. 예술과 지역, 예술과 사회를 연결하고자 하는 청년 예술인이 자신만의 문화적 방식으로 영도를 마음껏 탐험하고, 다양한 예술적 활동을 실험하는 한 달간의 '예술인 워케이

〈똑똑한 예술가〉

〈똑똑한 예술가〉

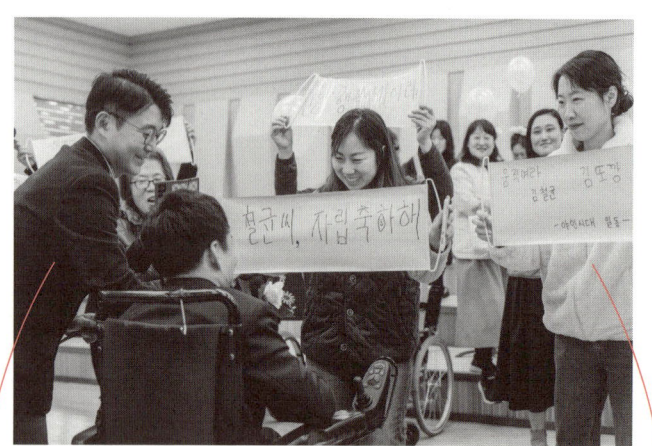

〈똑똑똑 이웃파티〉

〈똑똑똑 이웃파티〉

션 프로젝트' 〈예술선단 × 내-일의 항해캠프〉와 실험적인 예술 프로젝트들을 선보이는 쇼케이스《모든 배는 파도를 넘어서 간다》는 '영도'를 주제로 한 렉처, 토크, 파티, 참여 워크숍 등으로 구성되었다. 외부인의 시선으로 해석한 영도를 새롭게 접하는 법, 지역을 주제로 한 기획의 공감 얻는 법을 확인하는 자리가 되었을 것이다. 아울러 영도의 문화유산을 기반으로 한 문화상품과 여행상품을 통해 비즈니스적으로 접근하는 〈도시기록자〉는 평소 알던 영도라는 곳을 새롭게 즐기는 방식을 제안했다.

    무엇보다 해양문화예술교육의 원형을 만들고자 개관한 〈보물섬 영도〉에서는 지역 어린이들의 창의성과 감수성을 깨울 수 있도록 계절별로 창의예술 프로그램을 여는 동시에, 창업스쿨과 어린이마켓까지 이벤트로 개최했다. 문화예술활동 생태계의 기반이 되는 기획자, 활동가, 문화예술교육자를 〈기획자의 집〉과 〈문화예술교육자 네트워크〉로 성장시키고 있고, 영도 어린이들의 교육환경이 나아지길 위해 실천하는 활동가들의 〈스스로 실험실 : 교육환경 리빙랩〉도 진행한 바 있다.

    개인의 서사가 곧 영도의 서사라는 것을 공유하며 시대의 이야기로 연결하는 〈아카이브 영도〉, 그간 축적된 문화도시의 의미를 전달하는 웹진 〈다리너머 영도〉까지, 이 모든 내용이 영도 사람과 지역의 이야기며, 그 중심엔 '커뮤니티'가 있다. 이처럼 영도문화도시센터의 모든 사업이 마치 〈영도체〉 마냥 한 선으로 이어져 있다.

〈2023 내-일의 항해캠프〉 포스터

〈2024 내-일의 항해캠프〉 포스터

지역문화는 소멸하지 않는다

보물섬 영도 건물 전경

어린이 해양문화예술교육 특화 프로그램

연결의 힘

　연결과 관계, 이 두 단어는 커뮤니티에서 중요한 주제어이다. 특히 연결과 관계를 만들기 위해서는 공간, 사람, 콘텐츠(프로그램)가 있어야 한다. 한 가지 요소라도 빠져서는 안 되지만, 능동적으로 계획하고 연결하는 역할은 사람이 할 수밖에 없다. 다만 '인사人事'가 '만사萬事'라고 하는데, 현재의 대한민국 문화도시에서 그간 법정문화도시가 강조한 시민참여와 거버넌스의 내용이 정책적으로 희미해졌다. '자유와 연대'라는 국정철학 안에서 시민참여는 수동적인 향유자 차원의 입장에 가까워졌고, 실제 현장을 만드는 기반인 거버넌스는 자취를 감췄다. 이런 상황에서도 영도 주민들은 시민으로서의 품격을 지켜가며 문화제를 열어서 꿋꿋하게 맞서고 평화로운 방식으로 행정에게 대화를 청하고 있다. 이렇듯 자녀의 학군 문제로, 지역 이미지 문제로 떠나려 했던 주민들은 영도에 불어온 새로운 문화의 바람으로 인해, 변화를 느끼며 단순한 만남을 너머 서로에게 긍정적인 영향을 주는 관계로 발전하고 있다. 특히 연결과 관계는 일어나는 과정에서 빛을 발한다. 사람과 함께 나누는 시간, 소소한 대화, 마음을 여는 순간들이 모여서 커뮤니티를 더욱 따뜻하게 만든다. 이런 연결의 힘은 개인의 삶을 변화시키고 커뮤니티에 활력을 불어넣어 지속 가능한 관계를 만든다.

커뮤니티에서 확인되는 우리의 안녕

　작년 봄, 청학동에서는 등굣길에 한 소녀가 생을 마친 매우 안타까운 사고가 있었다. 영도문화도시센터에서는 소녀가 좋아했던 노란색을 상징화하여 《노란안녕》 전시회를 열었다. 각자의 방식으로 영도의 아이들이 행복하게 살아가길 바라는 마음을 담은 프로젝트 전시이자, 이곳에 살아갈 이들의 안녕을 전하는 전시이기도 했다. 친한 주민 세 분이 몇몇 작품의 공동작업자로 참여했는데, 이분들의 자녀들은 소녀와 친구였다. 특히 더 안타까운 점은 이분들은 사고 이전에 '안전한 청학동 통학로'라는 프로젝트를 진행한 적도 있었다는 것이다. 이렇듯 커뮤니티는 지역을 제일 잘 알고 있다. 늘 지켜보고, 늘 곁에서 느끼고 있기에 '커뮤니티를 통한 안녕'을 마음에 늘 품고 산다.

　올해 12월 초, 영도문화도시센터의 '또다른 출항회'를 지켜보고자 200명 넘는 주민들이 봉래동에 모였다. 문화도시 영도의 5년간 남긴 항로를 따라가면서 동행한 주민들과 영도문화도시센터 크루들은 '너도, 나도, 영도 크루닻'을 외쳤다. 더 큰 파도를 함께 헤쳐나가는 진정한 크루가 되자는 마음을 나눴다. 아쉬움보다 서로에게 고마움이 더 큰 자리였다. 유난히 내 주변을 지켜주는 다정한 안녕이 느껴졌다. 특히 부산에서 만난 여러 인연이 건네는 진심이 고맙다. 마음만은 무척 따뜻한 연말이다.

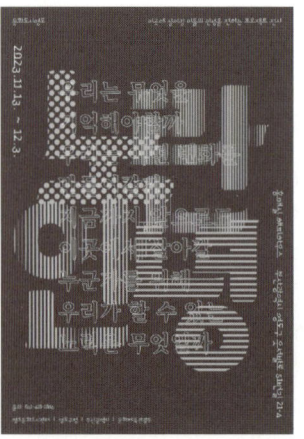

〈노란안녕〉 전시회 포스터

〈또다른 출항회〉 포스터

지역문화는 소멸하지 않는다

〈또다른 출항회〉

〈또다른 출항회〉

지역문화는 안녕한가?

'문화예술교육' 말고, "문화예술교육!"

최실비
『경기문화저널』 편집위원

'문화예술교육'이 정책 용어로 생겨난 지 20년을 앞두고 있다. '문화예술'과 '교육'의 결합체로 문화관광부(현 문화체육관광부)와 교육인적자원부(현 교육부)의 협력으로 탄생한 이 용어는 이후 그 사이를 떠돌며 스스로의 정체성을 규정하는 데 20년을 보냈다.

법적으로는 '문화예술 및 문화산업, 문화재를 교육내용으로 하거나 교육과정에 활용하는 교육'으로 정의되며, 중앙정부 차원에서도 과정 중심 활동의 중요성을 강조했으나, 실제로는 ①학교 교육과정 틀 안에서 예술교육의 기술적 한계를 보완해주는 학교 문화예술교육 ②실용적인 방식으로 문화예술교육을 규명해 내야 하는 과제 안에서 가시적인 결과'물'을 만들어 내는 사회 문화예술교육 그리고 최근에는 ③사회문제를 해결 '해야 하는' 문화예술교육으로, 결국 결과가 중심이 되도록 설계하는 오류를 만들어 냈다. 또한 문화예술교육 정책 이행, 지원기관인 한국문화예술교육진흥원은 주목할 만한 양적인 확대를 이루어 냈음에도 불구하고, 어느 때는 '예술'교육을, 어느 때는 예술'교육'을 강조하며 그 사이에서 무한히 흔들렸고, 문화예술교육과 예술교육을 동일시했다가 구분했다가 하는 과정에서 지원사업 또한 이리저리 부유하게 되고 말았다. 이에 '문화예술정책과 교육정책의 만남은 문화예술교육정책이라는 새로운 패러다임으로 발전하지 못하고 제도화 추진과 정책운영 과정에서 또 다른 형태의 문화정책·예술정책으로 회구[1]하게 되고 말았다는, 제도화 초기에 제기된 문제가 지금

---

1 이병준, 「문화예술교육정책의 비판적 재구성과 미래전망 : 문화정책과 교육정책의 불완전한 통합을 넘어서」, 『문화정책논총』 제19집, 한국문화관광연구원, 2007, 11면.

까지도 지속되고 있다.

　게다가 문화예술교육의 정책적 기반이 튼튼하지 못한 상황에서 '지방이양일괄법'이 시행됨에 따라, 문체부에서 지자체로 지원하던 지역 문화예술교육 사업비 대부분이 지방분권화 차원에서 지방이양 사업으로 전환되고 말았다. 중앙과 지역에서 충분히 문화예술교육에 대해 논의하거나 공감대를 형성하지 못한 상황에서 지자체의 예산 편성 자율권 확대는 자본주의, 숫자의 논리가 우선되어 문화예술교육을 변두리로 밀어내 버렸다. 중앙에 과도하게 집중된 국가권한을 지역으로 이양하는 것은 반드시 필요하나, 중앙정부 차원에서도 확립하지 못한 문화예술교육의 방향을 이제는 지역이 알아서 설정하고 지역 맞춤형 문화예술교육 정책을 추진하라는 것이 과연 지역을 위한 일인지에 대해서는 짚어볼 만하다.

문화예술교육이 세상을 살린다는 착각

　올해 문화예술교육을 통해 지역소멸과 인구감소에 대응해 보겠다는 취지의 정책사업이 추진됐다. 지방소멸 가속화가 본격화되는 상황에서 '문화취약지역 주민 대상 문화예술교육 참여 기회 확대를 통해 지역 간 문화격차 완화 및 삶의 활력 제고로 정주여건을 향상'[2]하겠다는 거대한 목표를 가지고, 공모를 통해 선정된 단

2　한국문화예술교육진흥원의 〈2024 예술로 어울림〉 공모안내문 참조.

체에게 지역(기초 지자체 단위)에서 문화예술교육 프로그램을 실행할 수 있도록 1억 원 씩 총 60억 원을 지원[3]했다. 단체는 지역주민의 수요를 파악하고 그에 맞는 프로그램을 구성하여 맞춤형 문화예술교육을 실행하며 (국가 차원에서도 아직 해결하지 못한)지역 활성화와 정주여건 개선에 대한 성과를 만들어 내야 했다. 그러나 사업의 필수요건으로 제시된 10개 이상, 200시수 이상의 '프로그램'을 운영해야 한다는 제한은 이 사업을 단순 기능교육 중심으로 운영될 수밖에 없도록 만들었다. 더불어 주민들의 삶의 형태를 살필 수 있는 시간[4]도, 연구를 위한 예산도 지원하지 않았으며 '1억 원이나 지원한다'는 폭력적인 태도로 실패의 책임을 운영단체에게 전가하기에 이르렀다. 결국 이 사업은 정주여건 향상은커녕, 자본주의적 논리에서도 1억 원 만큼의 가치 있는 일들을 벌이지 못해 25년도 문체부 예산안에서도 전액 삭감되고 말았다. 이처럼 국가가 수혜의 대상으로서 국민을 내려다보며 '정상적(으로 규정한)' 프로세스 내에서의 실행만 허용한다면, 앞으로도 문화예술교육은 계속해서 현장과 유리된 채 부유할 수밖에 없다. 문화예술교육은 세상을 살리거나 구원하는 수단이 아닌, '단 한 명'의 변화에 집중해야 한다.

---

[3] 〈2024 예술로 어울림〉은 정책적 목표에 따라 문화취약지역을 2개의 유형(산업단지형/문화취약형)으로 구분하여 60개의 단체와 기초 지자체 단위의 사업지역을 선정했으며, 단체별 1억 원의 지원금을 통해 사업지역에서 문화예술교육 프로그램을 운영했다.
[4] 본 사업의 실제 운영기간은 6월 4주부터 12월까지로, 6개월 남짓에 불과했다.

'가르치거나, 배우거나' 의 이분법을 넘어선 실천

〈시민랩 히읗의 구애〉
- 타인을, 다른 세계(관)를 유쾌하게 만나고, 만들기 위한
  몸 만들기의 기초
- 세상을 구하고 지역을 살리느라 갈아 넣은 나를 위한
  수행과 명상
- 가르치거나 배우는 것을 뺀 모든 것에 관한 상상
- 각자, 함께 만들어가는 10주 간의 문화적 여정
- 100만 원 프로젝트 활동비 지원(無정산 원칙)
- 자기 관성과 투닥거리며 이리저리 흔들리기

'허술하게 헐렁하게 히죽거리는 문화예술교육'을 추구하는 영등포문화재단 YDP창의예술교육센터의 '시민랩 히읗(ㅎ)'의 수행 요건이다. 이 프로젝트에 '동행자'로 역할 한 임재춘 대표(커뮤니티스튜디오104)는 가시적인 성과를 지나치게 추구하거나 너무나도 시혜적인 문화예술교육에 문제를 제기한다.

'지역'이라는 말은 일종의 싱크홀 같은 역할을 해요. 보통 지역에서 무언가를 진행한다고 했을 때 주민들을 대상으로 한, 그들에게 제공할 수 있는 '친절한' 프로그램을 기획해서 운영하게 돼요. 기획자나 예술가들은 본인이 가지고 있는 깊거나 얕은 기

술들을 자꾸 보여주면서 빠르고 쉽게, 사람들이 단번에 알아들을 수 있는 방식으로 구체화하죠. 그렇기 때문에 문화예술교육이 이론적이고 체험적인 방식으로 공회전 하게 되는 거죠.[5]

'시민랩 히읗(ㅎ)'은 기존의 문화예술교육 원리에서 벗어나 내 삶에서 어떠한 예술이 필요한가에 대한 질문으로부터 시작한다. 가르치거나 배우는 것을 빼자는 도전적 선언 후 어떠한 예술이 나에게, 우리에게 필요한지 생각하고 이야기를 나누는 시간이 중심이 된다. 10주 간의 '탐색-연구-실험-공동 실험'의 과정이 진행되며, 여기에는 매뉴얼도, 반드시 만들어 내야만 하는 결과물도 없다. 임재춘 동행자는 타인을, 다른 세계를 유쾌하게 만나기 위한 몸 만들기를 위해 생각을, 상황을 전환해 보자고 제안한다. 이는 공공시설이 시민들에게 서비스를 계속해서 제공해야만 하는 공간이 아님을, 시민은 공공 서비스를 계속해서 기여 받는 존재가 아님을 인지하는 것에서부터 출발한다. 우리의 활동 공간을 '시설'이 아닌 '장소'로서 인지하도록 하며, 나의 시선과 관심 그리고 삶과 지역의 이야기를 타인과 나누는, 즉 자기 자신을 프로그램에 참여하는 개인에서 더 확장된 '관계자'로 이해하도록 한다. '시민랩 히읗(ㅎ)'은 시민이라는 정체성 안에서 머리로 찾는 똑똑한 이야기가 아닌, 몸으로 체득할 수 있는 경험을 중시한다. 임재춘 동행자는 이 실험을 통해 '시민과 문화, 실행이라는 문화기획을 둘러싼 일련의

---

5   영등포문화재단 YDP창의예술교육센터의 '2024 창터 포럼 [배움의 여정]'에서의 임재춘 대표의 발언 재정리.

지역문화는 안녕한가?

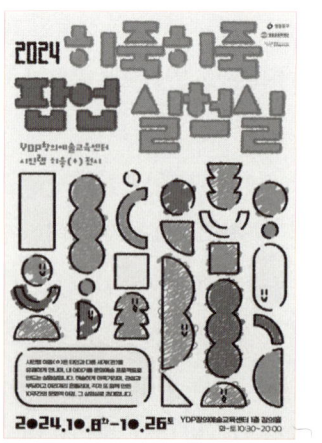

시민랩 히읗(ㅎ)의 전시 〈2024 히죽히죽 팝업 실험실〉 포스터

시민랩 히읗(ㅎ)의 전시 〈2024 히죽히죽 팝업 실험실〉

지역문화는 소멸하지 않는다

존재와 행위들이 개인의 것으로 폐쇄적인 차원에서 머물지 않고, 최소한 공공의 장에 꺼내어짐으로써 지역적인 것, 사회적인 것, 문화적인 맥락을 확보'[6]하게 된 점을 놓치지 말아야 한다고 말한다.

우리나라에서의 공공성은 주로 국가가 개인에게 혜택을 주어야 하는 시혜적 역할로 이해된다. 이는 우리의 삶을 이루는 것들을 소유한 주체가 국가라는 것과 연결된다. 국가가 소유한 혹은 소유했다고 여겨지는 것들이 많아질수록 개인은 점점 더 쪼그라들게 된다. 그러나 이와 관련하여 프랑스의 철학자이자 도시학자인 앙리 르페브르Henri Lefebvre는 시민이 도시에 대한 권리를 주장하고 참여하는 개념의 '전유'를 강조한다. 그는 시민이 도시에 대해 '도시 생활에 대한 권리, 부활된 도시 중심성에 대한 권리, 만남과 교환의 장소에 대한 권리, 생활 리듬과 시간 사용에 대한 권리, 완전하고 완벽한 시간과 장소의 사용을 가능하게 하는 권리[7]'를 가져야 한다고 말한다. 전유는 곧, 도시 거주자들이 도시 공간의 생산을 둘러싼 의사 결정에서 중심 역할을 할 수 있는 권리를 의미하며, 시민들이 스스로의 필요에 따른 공간을 창출할 권리를 말한다. 너무나 당연하게도 도시의 진정한 주인은 그 곳에 살고 있는 주민이라는 인식에서 비롯된 권리인 것이다. 외부세계를 향한 관심과 나와 타인의 권리를 따뜻하고도 날카롭게 살피는 행위를 통해 우리는 '관계자'가 된다. 숫자의 논리, 다수의 논리에 치인 신자유주의 사회

---

6   영등포문화재단 YDP창의예술교육센터, 2023 YDP창의예술교육센터 시민랩 히웅(ㅎ) 실험기록집, 2023, 35면.
7   H. Lefebvre, 『Right to the City』, 강현수, 『도시에 대한 권리』, 책세상, 2010, 30면.

지역문화는 안녕한가?

속에서 시민으로서 사소한 권리를 주장하고, 불합리한 것에 대한 작은 불복종의 경험을 통해 타인들과 교감하는 것, 이 자체가 예술이고 배움이다.

시도와 실험에서 시작되는 문화예술교육

문화예술교육 정책이 시작되기 한참 전부터 문화원에서는 이미 문화학교를 운영하고 있다. 경기도문화원연합회는 「2024년 경기도 지역문화원 3대 아젠다 채택」(2023.12.15.)을 위한 선포식을 열고 3대 아젠다 중 하나로 '지역문화예술교육 거점이 되도록 노력한다'를 선포한 바 있다. '거점'을 사전적 정의인 '어떤 활동의 근거가 되는 중요한 지점'으로 이해했을 때, 문화원은 문화학교를 통해 사람이 모이는 곳으로서 단편적인 역할을 하고 있다고 볼 수 있으나, 단순히 모이는 곳 이상의 '중요한 지점'이 되기 위해서는 고민이 필요한 게 사실이다. 특히 문화원에서 실천하고자 하는 문화예술교육이 무엇인지 명확하지 않다. 현재 대부분의 문화원에서는 국악, 무용, 서예 등의 '지식 습득 교육'을 운영하고 있다. 기능 교육이 무조건 잘 못됐다는 것이 아니다. 지식 습득 교육에 초점이 맞추어져 있는 것이 문제다. '수혜자'가 아닌 '참여자'로 대상을 바라보며, 모인 사람들이 함께 이야기하고, 생각하고 들을 수 있는 문화예술교육이 필요하다. 경기도 문화원에서 진행하고 있는 '생각하고 듣는' 문화예술교육의 두 가지 예로 과천문화원의 〈경험공유

과천문화원 〈경험공유학교 같이 가치 축제〉

지역문화는 안녕한가?

학교〉와 평택문화원의 〈월간 진위향교〉를 꼽을 수 있다. 과천문화원에서 어르신 문화학교 사업의 일환으로 추진한 〈경험공유학교〉는 타인들과 '나이 듦'의 풍경을 나누고 존중하는 공유의 시간을 통해 어르신들이 '선배시민'[8]으로서 정체성을 가지고 지역 공동체에 참여하도록 한다. 또 평택문화원의 문화유산 활용 사업인 〈월간 진위향교〉는 시민들이 지역의 문화유산을 경험함으로써 과거와 현재를 이해하고 궁극적으로는 나를 구성하고 있는 것들에 대해 생각해 볼 기회를 만든다.

한편, 지금까지 정책 차원에서 정의해 온 문화예술교육 거점은 지역 안에서 문화예술교육 활동이나 자원을 기획하여 엮어내고 촉진하며, 문화예술교육 환경 및 생태계 그리고 협력 구조의 조성과 활성화에 주도적 역할을 수행하는 주체를 의미해 왔다. 이를 위해 중앙 차원에서는 공모사업을 통해 지역의 현 상태를 섬세하게 진단하고 지역에서 활동하고 있는 여러 주체들과 의논하는 구조를 만들어가도록 국고보조금[9]을 지원한 바 있다. 그러나 '지원사업'이라는 틀 안에서의 지원은 분명한 한계를 지니고 있으며, 3년 간(2020~2022) 이어진 사업이 종료된 지금 그간 사업을 통해 구성된 거점의 형태가 얼마나 흩어졌을지는 짐작할만하다. 그러나 문화원은 법적 근거를 기반으로 설립된 법인으로서, 공공의 자원을

---

8 '선배시민'이란 요람에서 무덤까지 인간적인 삶을 살아갈 수 있도록 국가가 시민의 삶을 책임져야 한다는 시민권 이론을 토대로 더 나은 공동체를 상상하고 변화시키고자 실천하는 '나이 든 보통 사람'을 의미한다.
9 문체부와 한국문화예술교육진흥원은, 2020년부터 2022년까지 3년 간 〈기초 단위 문화예술교육 거점 구축 지원사업〉 공모를 추진했다.

토대로 민간의 영역에서 지속적으로 사업을 수행해 나갈 수 있다는 장점을 가지고 있다. 이에 정책적 의미의 문화예술교육 거점을 그대로 이어가기 보다는, 문화원만의 거점 형태를 만들어 갈 필요가 있다. '하던 대로'의 관성에 의해 매번 똑같이 운영되거나 회원 수 유지에 목적을 둔 수업, 또 가르치는 대로 배워야 하는 노래교실, 국악교실이 아닌, '한 사람'을 염두에 둔 문화예술교육부터 시작해야 한다. 정해진 매뉴얼도, 결과물도 없기에 흔들리거나 불안정할 수는 있지만 그 과정과 결과가 조금은 이타적인 활동 말이다. 그러한 문화예술교육을 계속해서 생산해 내고 확산하는 주체로서의 문화원의 역할이 필요하다. 문화원이 가진 지역 원천 콘텐츠에 대한 이해, 지역 사람들을 모이게 하는 힘을 기반으로 한 실험과 시도, 용기가 기반이 되어야 한다. 내가 가진 것을 지역의 다른 주체와 공유하며 조금 더 나은 것을 만들어가는 실험, 그리고 그렇게 만들어 낸 프로그램을 이곳저곳에서 실현할 시도, 그리고 또 다른 실험을 위해 '내 것'이라 여기지 않고 움켜쥐지 않을 용기 말이다. 앞으로 전개될 문화원의 '문화예술교육' 말고, "문화예술교육!"이 기대된다.

지역문화원 정체성과
문화 민주주의를 위하여

김명수
경기도문화원연합회 연구원

최근 한국 사회를 뒤흔든 충격적인 계엄령 시도는, 민주주의의 가치와 실천 공간에 대한 근본적인 질문을 던졌다. 이러한 맥락에서, 지역문화원이라는 공간이 지닌 민주주의적 가능성과 창의적 잠재력을 재조명할 필요성을 느끼게 되었다.

이 글의 아이디어를 얻기 위해 많은 문화원 종사자들과 대화를 나누었다. 그 중 30년 경력의 문화원 선배와 3년 차 후배의 대비되는 대화는 문화원의 변천사를 상징적으로 보여준다. 선배가 말하는 1990년대 말, IMF 외환위기 속에서도 '따뜻한 차 한 잔을 나누는 사랑방' 같았던 문화원은, 현재 '콘크리트 벽 안에 단절된 아파트'로 그 성격이 변모했다고 한다. 이러한 변화는 단순한 세대 차이를 넘어, 한국 문화기관의 구조적 변동을 함축한다.

주목할 만한 전환점은 지자체 보조금이 문화원 운영에 투입된 이후이다. 이는 운영의 안정성 확보를 위한 제도적 진전이었으나, 과거에 존재하던 문화원의 자율성과 창의성을 제약하는 양면성을 지닌다. 일부 공공기관화 된 정체성은 관료주의적 문화와 독성 리더십이 자리 잡는 토양이 되었다.

이러한 현실 진단은 지역문화원이 직면한 도전과 과제를 명확히 보여준다. 과거의 공동체적 가치를 현대적 맥락에서 재해석하고, 관료제의 경직성을 넘어설 새로운 운영 패러다임의 모색이 시급하다. 이것이 바로 지역문화원이 당면한 시대적 과제의 본질인 것이다.

탁식 리더십Toxic Leadership의 그림자와 관료제의 멍

현대의 문화원은 두 가지 핵심적 도전에 직면해 있다. 하나는 탁식 리더십의 만연이며, 다른 하나는 관료제의 경직화다. 이는 마치 한 뿌리에서 자라난 두 그림자와도 같다.

탁식 리더십은 조직과 구성원들에게 심각한 해악을 끼치는 리더의 파괴적 행동 패턴을 의미한다.

2008년 메릴랜드대학의 슈미트Schmidt가 수행한 탁식 리더십 연구는 군 조직을 중심으로 한 실증적 분석을 통해, 탁식 리더십의 다차원적 특성을 체계화했다는 점에서 중요한 의미를 지닌다. 특히 그의 연구는 탁식 리더십을 단순한 부정적 리더십의 하위 범주가 아닌, 고유한 특성을 지닌 독립된 개념으로 정립했다는 점에서 주목할 만하다.

슈미트는 탁식 리더를 "비인격적이고 권위주의적인 감독을 예측할 수 없는 패턴으로 발휘하며, 자기애가 강하고 자기 홍보에 집착하는 사람"으로 정의했다. 그의 연구에 따르면, 이러한 리더십은 여러 특징적 양상으로 나타난다. 가장 두드러진 특징은 구성원의 존엄성과 자율성을 무시하는 비인격적 감독 행태이다. 또한 절대적 복종을 요구하며 일방적 의사결정을 강요하는 권위주의적 특성이 강하게 나타난다. 여기에 자기중심적 사고와 과도한 자기애적 성향, 그리고 개인의 성과와 이미지를 조직의 목표보다 우선시하는 자기홍보적 성향이 더해진다. 특히 감정적 기복에 따른 비일관적 행동 패턴은 조직 구성원들에게 큰 혼란을 야기한다.

탁식 리더십의 병폐는 서구 학계에서 주로 군대 조직을 통해 연구되어 왔다. 군대라는 공간이 위계적 권력 구조와 절대적 복종이라는 특성을 지니기에, 리더십의 부정적 영향을 가장 선명하게 관찰할 수 있기 때문이다. 슈미트의 분석틀은 현재 문화원이 직면한 리더십 문제를 이해하는 데 유용한 렌즈를 제공한다.

문화원에서도 이러한 탁식 리더십의 징후들이 발견된다. 상급자의 감정과 선호에 따라 수시로 변경되는 프로젝트 방향성, 일방적 의사결정, 소통의 부재는 조직의 창의적 에너지를 고갈시키는 주된 요인이 되고 있다. 장기적인 방향성을 가지고 가기보다는 어떤 원장님이나 국장님이 취임하느냐. 혹은 그 원장님이나 국장님이 지자체와의 관계가 좋으냐에 따라 많은 변수가 발생한다. 이런 외부적인 문제가 해결된다고 해도 내부적인 문제가 남아 있다. 대다수의 구성원들을 설득하거나 동의를 구하지 않고 밀어붙이는 식의 사업들을 진행했다는 이야기들은 마치 알람이 울리는 것처럼 정기적으로 들려오는 볼멘소리다. 이런 문제들로 인해 적극적인 직원들이 업무에 흥미를 잃어가게 되고 문화원에는 인내심이 많고 소극적인 사람들과 그들을 답답해하는 관리자와 리더만 남게 된다. 스스로 불러온 재앙에 짓눌린다는 대중가요에 노랫말처럼 많은 사람들이 스스로가 그러는 줄 모르고 그런 문제를 반복하며 남탓만 하고 있는 것 같다.

여기에 관료제의 경직화가 더해지면 또 다른 차원의 도전을 제시한다. 복잡한 결재라인과 형식적 문서주의는 문화원 본연의 역동성을 저해한다. 사실 절차가 왜 있는지에 대한 본질을 고민해보고 어떤 절차를 남길 것인지 유지할 것인지에 대한 구성원들의 동의와 평가가 있다면 많은 부분이 해결될 수 있다. 하지만 그러기보다는 그 절차를 버티는 인내심을 가지고 있고 창의성은 부족한 이들이 남게 될 확률이 훨씬 높다. 여기에 단기적 성과주의를 뿌리면 아주 멋진 요리가 완성된다. 오로지 평가지표에 종속된 문화 프로그램들은 점차 그 본질적 가치를 잃어가고 있다.

이러한 이중의 도전은 문화원의 정체성을 흔들고 있다. 관료제의 안정성과 창의성의 역동성 사이에서, 문화원은 새로운 균형점을 찾아야 하는 시대적 과제에 직면해 있다. 이는 단순한 조직문화의 개선을 넘어, 지역 문화기관으로서의 존재 의미를 재정립하는 근본적 물음과 맞닿아 있다.

작은 거인의 잠재력 : 문화원의 혁신적 실험

역설적이게도, 지역문화원의 가장 큰 잠재력은 그동안 약점으로 지적되어 왔던 '작음'에서 발견된다. 거대 문화재단의 관료적 몸집과 달리, 문화원의 소규모성은 오히려 민첩한 실험과 창의적 도전을 가능케 하는 토양이 된다. 이는 마치 전통 장인의 작업실이 대규모 공장보다 더 섬세한 혁신을 이뤄내는 것과 같은 맥락이다.

문화재단에서 일을 하다 문화원에 취직한 한 직원은 문화재단에서 일할 때 사업 대상자로 문화원을 만나고 흥미를 느꼈다고 한다. 대부분 공모를 진행하고 관리하는데 머무르는 문화재단의 기획자와는 달리 문화원에서는 스스로가 기획을 진행하고 실행까지 하여 다양한 포트폴리오를 쌓을 수 있을 것이라고 기대했다고 한다. 하지만 앞서 언급했던 바와 같이 문화원에서도 기획자의 의도를 담아 사업을 진행하는 것은 쉽지가 않았고 그 직원도 결국 근속 년수 3년의 벽을 넘지 못했다.

문화원의 운명은 리더십의 성격에 따라 극명하게 갈린다. 민주적이고 창의적인 리더십 아래에서는 직원들의 의지와 지역 주민들의 목소리가 프로그램의 DNA처럼 스며들어 자연스러운 문화적 진화를 이룬다. 반면, 권위적 리더십 하에서는 이러한 자생적 발전이 억제되어 문화적 화석화를 초래한다. 이는 문화원장과 사무국장의 역할이 단순한 행정가를 넘어, 지역 문화생태계의 정원사와 같은 존재여야 함을 시사한다.

현대 문화산업의 흥미로운 사례들은 이러한 가능성을 뒷받침한다. 한국에서 공연을 기획하는 기업 '프라이빗 커브'는 8인의 소규모 조직이다. 하지만 2024년에 186억 원 매출규모의 공연을 진행하고 대규모 음악 축제를 성공적으로 운영하였다. 실제로 대한민국에서 많은 문화공연 분야의 기업들은 그 규모와 명성에 비해 소위 '작은 거인'의 형태로 운영되고 있다. 공공의 영역에 발을 걸치고 있는 문화원의 입장에서 사기업들의 매출규모를 들먹이는 것이 불편할 수 있겠지만 이는 오히려 지역문화원이 거대 문화재단과는 차별화된, 고유한 생태적 지위를 구축할 수 있음을 보여준다고 생각한다.

이러한 맥락에서, 문화원은 이제 '작지만 강한' 조직으로서의 정체성을 재발견해야 한다. 관료제의 틀은 최소한으로 유지하되, 그 안에서 최대한의 창의적 실험이 가능한 구조로의 전환이 필요하다. 이는 단순한 조직 개편이 아닌, 지역문화의 새로운 실험실로서 문화원의 진화를 의미한다.

문화원의 창조적 전환 : 새로운 정체성의 모색

지역문화원의 혁신은 단순한 조직 개편이 아닌, 문화적 실험실로서의 정체성 확립을 요구한다. 이는 마치 전통 한옥이 현대적 주거 공간으로 재해석되는 과정처럼, 과거의 가치를 현재에 맞게 재구성하는 섬세한 작업이다.

이러한 혁신의 시작점은 '작은 거인 전략'의 채택에서 찾을 수 있다. 대형 문화재단이 놓치기 쉬운 미시적 문화 현상들, 즉 골목길의 이야기, 시장의 속삭임, 마을의 기억들을 섬세하게 포착하고 기록하는 것이야말로 문화원의 고유한 영역이다. 이는 지역문화의 DNA를 보존하는 핵심 작업이며, 문화원만이 수행할 수 있는 특별한 사명이기도 하다.

이와 함께 리더십의 패러다임 전환도 절실히 요구된다. 문화원장과 사무국장은 지역문화의 '촉매자'로서 새로운 역할을 수행해야 한다. 이들은 더 이상 직원들의 창의성을 억제하는 관리자가 아닌, 지역문화의 씨앗이 싹틀 수 있는 토양을 조성하는 원예가가 되어야 한다. 이러한 변화는 수직적 명령체계에서 수평적 협력

구조로의 전환을 의미한다.

혁신의 또 다른 핵심 축은 실험적 프로그램의 활성화에 있다. 문화원은 성공과 실패의 이분법적 사고를 넘어, 모든 문화적 시도를 값진 학습의 기회로 받아들이는 열린 태도를 가져야 한다. 이는 마치 장인이 수많은 시행착오를 통해 자신만의 기법을 완성해가는 과정과도 닮아 있다.

이 모든 노력의 궁극적 지향점은 문화원을 '지역의 문화적 살림터'로 재정립하는 것이다. 이는 단순한 문화 행사의 집행소를 넘어, 지역 주민들의 문화적 삶이 유기적으로 숨쉬는 공간으로 진화하는 것을 의미한다. 이러한 진화는 문화원이 진정한 의미의 지역문화 플랫폼으로 자리매김하는 과정이 될 것이다.

혁신의 구체화 : 문화원의 실천적 전환점

지역문화원의 혁신을 조금 더 구체적으로 이야기해보면 어떨까? 오래된 한옥에도 수세식변기와 전기가 필요한 것처럼 그간 약점으로 지적되어왔던 문화원 조직의 취약성을 강점으로 전환하여 새로운 문화적 거점으로 거듭나는 것과 같은 섬세한 진화의 과정을 거치는 것이다.

이러한 혁신의 핵심에는 '미시적 문화생태계'의 중심으로 자리매김하는 과제가 있다. 문화재단과의 직접적인 경쟁을 하기 어려운 거대 담론이나 화려한 행사를 추구하기보다는 지역의 일상적 문화 실천에 주목해야 한다. 크기보다는 디테일과 신선함을 중요시하고 많은 수의 참여자들을 동원하는 것보다는 한 명 한 명 참여자들의 마음에 깊은 감동을 주어야 한다. 이를 통해 문화원의 회원이 되거나 문화원의 행사에 적극적이고 헌신적으로 참여할 수 있는 회원을 만들어, 문화원이 펼치는 다양한 사업에 파트너의 감각으로 참여할 수 있는 사람들을 늘려나가야 한다.

이와 함께 조직 문화의 근본적 전환도 시급하다. 관료제의 경직성은 최소화하되, 창의적 실험의 가능성은 최대화해야 한다. 이는 단순한 조직도의 변경이 아닌, 개개인이 주체적으로 사업을 기획하고 펼칠 수 있는 소통을 최대화하는 것을 의미한다. 직원들이 마치 자신의 일이라 착각(?)하는 수준의 책임감을 가지고 사업을 운영하게 하는 것이 중요하다. 물론 이는 정확한 해법이 없는 문제이며 경영과 관리의 덕목과 부딪히고 협상해야 하는 지점이지만, 문화적 생명력이 숨쉬는 새로운 작업 방식을 소통하여 찾아야 한다.

더불어 문화원에는 '실패의 자유'가 보장되어야 한다. 문화적 실험에는 언제나 불확실성이 따르기 마련이며, 이 과정에서 중요한 것은 실패를 두려워하지 않는 용기와 그 실패로부터 배우는 지혜다. 이러한 시행착오와 학습의 과정을 통해 문화원은 진정한 의미의 실험실로 거듭날 수 있을 것이다.

문화원의 소명 : 기억과 혁신의 공존

　　지역문화원은 이제 단순한 문화행사의 실행기구를 넘어, 민주주의와 창의성이 공존하는 실험실로 거듭나야 한다. 이를 위한 구체적이고 개인적인 희망이 담긴 실천 방향을 제시하여 많은 이들과 토론하고 싶다.
　　무엇보다 문화원은 '기억의 방주'로서 기능해야 한다. 지역의 미시사微視史와 생활문화를 섬세하게 기록하고 보존하는 것은 문화원이 가장 잘 할 수 있는 고유한 역할이며 특기이다. 급속한 도시화와 세대교체 속에서 사라져가는 지역의 기억들을 수집하고 재해석하는 작업은, 현대사회에서 더욱 절실한 문화적 사명이 되고 있다.
　　이와 함께 문화원은 문화적 민주주의의 실천장으로 거듭나야 한다. 관료제적 효율성만을 추구하는 것이 아닌, 구성원 모두가 창의적 실험의 주체가 되는 조직문화가 필요하다. 이는 단순한 구호가 아닌, 일상적 업무 과정에서 실천되어야 할 구체적 과제다.
　　더불어 세대간 문화적 가교 역할도 중요하다. 특히 경기도의 경우, 인구가 늘어나는 지역이 있는 반면 생활조건이 열악한 지역은 여전히 인구가 줄어들고 있다. 문화원은 여전히 현대적인 문화와는 거리가 있지만, 전통과 지역토박이, 노년층과 가깝다는 특성이 있다. 이러한 특성을 살려 전통과 현대, 노년층과 청년층, 토박이와 이주민 사이의 문화적 소통을 매개하는 것이 문화원의 핵심적 기능이 되어야 한다. 이는 지역사회의 문화적 지속 가능성과 확장성을 담보하는 근간이 될 것이다.

문화원은 또한 문화적 실험의 안전망 역할을 수행해야 한다. 실패를 용인하고 그로부터의 학습을 장려하는 문화가 필요하다. 젊은이들이 쉽게 찾아와 해보고 싶은 사업을 이야기하고, 문화원이 그들과 함께 실패를 각오한 도전을 할 수 있어야 한다. 경기도문화원연합회와 경기도 지역문화원들이 추진한 '미래유물'이라는 슬로건은 이제 다른 지역에서도 사용하는 공공의 자산이 되었다. 미래유물전 사업의 성과에 대해서는 다양한 평가가 가능하겠지만, 실패를 각오하고 지속한 사업들이 현재 빛나고 있는 모습은 문화원이 창의적 실험장으로 기능하기 위해서는 이러한 도전이 필요함을 보여준다.

이러한 변화의 과정에서 문화원은 문화적 네트워크의 허브로서 기능해야 한다. 개별 문화원의 고립된 활동을 넘어, 지역 내 다양한 문화주체들과의 협력적 네트워크를 구축해야 한다. 이는 문화원의 실험이 지역문화 생태계 전반의 혁신으로 확장되는 토대가 될 것이다.

결론적으로, 문화원의 혁신은 단순한 조직 개편이나 제도 개선의 차원을 넘어선다. 조금은 거창하지만 이는 지역문화의 새로운 르네상스를 여는 역사적 과제일 수 있다. 과거의 따뜻했던 공동체적 가치를 현대적 맥락에서 재해석하고, 미래지향적 문화실험의 장으로 거듭나는 것. 이것이 바로 오늘날 문화원이 마주한 시대적 소명일 것이다.

참고자료

- 머니그라피 유튜브 : 3일에 42만 원? 페스티벌 티켓 비싸도 매년 적자나는 이유 (feat. 코첼라, 서재페, 펜타포트, DMZ) | B주류경제학, https://www.youtube.com/watch?v=RdGHjRIkRfY.
- 전영수, 이희수, 손승연, 「독성(Toxic, 毒性) 리더십 : 문헌고찰 및 향후 연구방향 제시」 『리더십연구』, 제10권 3호 2019 : 95~121쪽.
- 김영곤, 노성민, 「상관의 유해한(Toxic) 리더십이 조직 구성원의 이직의도에 미치는 영향」, 『한국지방행정학보』 제14권 제2호 (2017. 8) : 201-227쪽.
- 손승연, 박희태, 이수진, 윤석화, 「상사의 성격 특성과 차 상위 상사의 지원이 상사의 모욕적 행동에 미치는 영향에 관한 연구」, 『경영학연구』, 제 38권 4호 2009, 1059~1084쪽.
- 한승주, 이철주, 최흥석, 「정부 관료제의 예견에 대한 책무성 고찰」, 『행정논총』 제58권 제2호(2020. 6) : 35~72쪽.

깨져버린 '지역성'과 시골의 민주주의

양미, 『너무나 정치적인 시골살이』(동녘, 2024)

황규관
시인

우연한 일이 계기가 돼서 고향을 자주 가게 됐다. 가으내 이곳저곳도 들러보고 옛 동창들을 중학교 졸업 후 처음 만나보기도 했다. 『너무나 정치적인 시골살이』의 저자 양미가 거주하는 지역에서 내 고향은 멀지 않지만 분위기나 정경은 적잖이 다르다. 물론 군郡의 동쪽은 산악 지역이며 거기서 흘러나오는 물이 강을 이루고 그 강이 오랜 시간 흐르고 넘치고 하면서 서쪽에는 널따란 평야를 만들어 놓았다. 이런 평야를 경관생태학에서는 충적평야라고 부른다. 나는 어릴 적에 그 강에서 살다시피 했다. 여름에는 헤엄을 치고 겨울에는 썰매를 타거나 사냥(?)을 하기도 했다. 장맛비에 범람한 강물이 들판에 넘실대던 일도 여러 번 봤다.

그래서 그런지, 나에게는 농촌과 강에 대한 잊히지 않는 기억이 있는데, 물론 그 기억이라는 것이 황금빛 기억일 리만은 없다. 가난과 설움 때문에 고향을 떠나는 꿈을 자주 꿨다. 전라선 열차가 철교를 건널 때, 특히 밤에는 '단풍잎 같은 몇 잎의 차창'(곽재구, 「사평역에서」)을 단 밤 열차를 강둑에 앉아 바라보면서 모더니티를 동경하고는 했다. 결국 중학교를 졸업하고 나서야 떠날 수 있었지만, 언젠가부터 이 모더니티가 황지우 시인의 말처럼 끔찍한 것임을 이내 깨닫게 됐다. 그렇다고 돌아갈 땅이 있는 것도 아니니 유랑민 같은 심정으로 살아왔다고나 할까. 『너무나 정치적인 시골살이』의 저자처럼 내가 『녹색평론』의 충실한 독자가 될 수 있었던 것도 아마 이런 경험들 때문이리라.

『너무나 정치적인 시골살이』를 펼쳐 읽으면서 든 첫 번째 감정은 어떤 당혹감이었다. 그 원인을 자꾸 생각해 보니 내가 농촌에 대해 일종의 판타지를 갖고 있어서일지도 모른다는 생각이 들었다. 서울이라는 대도시에 지칠 대로 지친 나이와 처지가 된 것일까. 물론 이런저런 일로 고향을 더러 찾기는 했지만 그것은 어디까지나 가족 문제 때문이었는데, 그때마다 눈에 밟히는 것은 이리저리 파헤쳐지고 개발이 된 산과 들이었다.『녹색평론』의 충실한 독자답게 거대한 근대문명이라는 역사적 시간을 실감했고 그것이 다시 내 어릴 적 기억을 양각시켰던 것 같다. 하지만 지금 농촌이 곧바로 도시의 대안일 것이라는 순진한 생각은 아예 없었다.

　『너무나 정치적인 시골살이』는 왜 지금 농촌이 곧바로 도시의 대안이 될 수 없는지에 대해 조목조목 따지고 든다. 이 책은 '시골살이'에 필요한 일자리 문제, 이동권 문제, 주거권 문제, 젠더 문제 등을 저자 자신의 경험과 취재를 통해 매우 자세하게 들고 있다. '도시는 순환하지 않는 공간'이고 '착취와 소비가 최선이고 최선인 곳'이기 때문에 '도시를 축소하고 도시적이지 않은 것들과 뒤섞어야 한다'는 문제의식 끝에 시골살이를 택했지만 '시골 또한 해체하고 재활용, 새활용을 해야 한다'고 비판한다. 그런데 저자가 이렇게 '무자비하게' 지금의 시골을 비판하는 것은 무슨 까닭일까?

　그것은 간단하다. '시골이 순환하는 공간이자 대안의 공간이 되기 위해서는 무엇보다 단절된 것들을 연결해야' 하기 때문이다. 그러려면 이동권이 보장되어야 한다. '또한 임금노동이나 판매 농이 아니어도 먹고살 수 있어야 한다' 등등.(이상 59~61쪽) 이런 기본적인 관점에서 보자면 지금의 시골은 정말 문제투성이다. 사실 이런 세세한 비판의 목록을 작성하는 게 쉬운 일은 아니다. 그만큼 저자가 '시골살이'에 진정이기 때문에 실감할 수 있었을 테고, 그 문제들의 원인이 무엇인지 찾아보고, 조사하고, 기록했기에 가능했을 것이다. 그리고 관계 기관에 문의하고 시정을 요청했을 것이다.

이 비판의 목록이 결국 가 닿은 지점이 '민주주의 문제'라는 데에 나는 흔쾌히 동의하지만, 왜 시골에서는 민주주의가 더 손쉽게 실종되는지에 대한 물음이 희미한 게 아쉬웠다. 시골에서 민주주의가 도시보다 손쉽게 실종되는 것은 도시 사람들이 또는 현재 시골에 살고 있는 사람들이 시골을 "따뜻함"이나 "훈훈함" 같은 정서의 안식처로 삼아서는 아닐 것이다. 어쩌면 저자가 '에너지협동조합'을 만들자고 제안했다가 잘 안 된 사건에 시골에서 민주주의가 실종되는 근본적인 원인이 숨어 있을지 모른다. 그것을 파헤치지 못한 채 "나는 여기서 시골살이의 가장 큰 걸림돌을 이해할 수 있었다. 민주주의의 실종이다. 소수의견은 논의조차 되지 못하고, 이미 만들어진 구조에는 순응한다. 열린 토론과 저항 없이 민주주의는 불가능하다"로 넘어가 버린 점은 결국 시골살이의 문제점을 반복해서 강조한 것에 머문 느낌을 준다.

'에너지 협동조합'이 만들어지지 않은 이유는, 저자가 들려주는 바에 따르면, "재생에너지 설비 업체들이 이미 자리 잡은 상황에서 지원금을 놓고 협동조합이 경쟁해야 하기 때문에 힘들 것"이라는 내부 의견 때문이다. 물론 저자가 비판하고 있는 것은, '토론과 저항'이 없는 구조와 문화, '민주주의가 실종된 세계'(이상 225쪽)다. 여기서 나는 질문을 하나 던지고자 하는데, 당연히 이것은 저자의 입장에 대한 시비가 아니라, 민주주의에 대한 대화와 토론을 위함이다. 내가 하고자 하는 질문은 간단하다. 토론과 저항이 있으면 민주주의는 확보되는가?

내가 최근에 고향을 자주 가게 된 이유에는 다른 것도 있지만, 고향에 숨겨져 있는 역사와 강의 생태적 가치를 조금 더 들여다보기 위해서였다. 내가 의뢰 받은 과제의 주제도 바로 '민주주의 문제'였다. 사실 민주주의만큼 코에 걸면 코걸이고 귀에 걸면 귀걸이인 말도 없을 것이다. 독재자도 민주주의를 들먹이고 파시스트도 민주주의를 아무 데나 갖다 붙인다. 이런 상황의 연속이 민주주의를 위태롭게 하지 않았는가, 도대체 무슨 연유 때문에 반민주주의자들마저 민주주의를 파렴치하게 들먹이고 있는가, 이게 최근의 개인적인 문제의식이기도 했다.

저자의 말을 들어보자.

더 '촘촘한 민주주의'가 필요하다. 지자체 단위도 너무 넓다. 민주주의는 집과 마을에서 먼저 시작해야 한다. 처음 귀촌해서 살았던 친구들 이야기다. 친구들이 집을 짓기로 하고 장소를 찾을 때였다. 그중 중요한 고려 사항에는 '아이들의 의견'도 포함되어 있었다.
어떤 결정에서 배제되는 존재가 있다는 것은 민주주의가 아니다. 누군가가 중요하게 고려되지 않는 것 또한 마찬가지다.
(226쪽)

문제는 현실에서 이것이 잘 지켜지지 않는다는 점이고, 지켜지지 않는 것을 넘어 왜곡되거나 이미 합의된 약속과 제도를 기만하는 행위가 공공연하게 벌어진다는 점일 것이다. 그렇다고 해서 너무도 당연한 민주주의에 대한 명제를 체념할 수도 없는 노릇이다.

고대 아테네의 인구는 현재 대한민국의 농촌 기초자치단체 수준보다 조금 더 많았다. 알려진 바로는 12만에서 15만 명 정도로 추산되고 있는데 이 도시 국가에서 민주주의가 가능했던 이유로 적은 인구를 들고는 한다. 근원적으로 민주주의는 인구가 많은 국가 단위에서는 불가능하다는 말이 나오는 근거가 되기도 한다. 그런데 단지 인구 때문이었을까? 펠레폰네소스 전쟁 기간에 있었던 페리클레스의 추도 연설문을 읽어보면 아테네 시민들의 결속력이 얼마나 강고했는지를 엿볼 수 있다. 어쩌면 민주주의는 공동체 구성원이 자기가 사는 장소에 대한 정서적, 정신적 동질감이 형성될 때 가능한 것인지도 모른다는 생각을 하게 한다. 알려져 있다시피 고대 아테네 민주주의는 종국적으로 실패했다. 그 이유는 물질적 부를 좇는 문화가 팽배해져 스스로 제국화 되었기 때문이다.

오늘날 나라 안팎으로 민주주의가 퇴보하고 있는 것도 물질적 부에 맹목적으로 매달린 때문이다. 고대 아테네의 예에서 보듯 아테네 시민들은 자신들의 도시 밖을 끊임없이 욕망했다. 이렇게 되면 자기가 사는 장소에서 느끼는 정서적 안정감 자리에 물질적 부를 향한 공통된 욕망이 들어오게 된다. 결론만 간단히 말하면, 주민들의 내면에 지역성*Locality*이 사라지면 민주주의도 허망하게 무너질 수 있다는 가설 하나를 우리는 조심스레 세울 수 있다. 여기서 중요한 것은 도대체 '지역성'이라는 것이 무엇이냐일 텐데, 그것은 거칠게 말해서 자기가 사는 지역에서 생성된 고유한 내면이라고만 해두자. 그렇다면 이것은 어떻게 보유되는가? 가장 첫 번째로 자기가 사는 지역에서 밥을 얻어야 한다는 것이고, 그 밥에도 지역의 역사와 문화가 배어 있다는 것을 느껴야 하는 것이다. 이것이 깨진 상태에서는 풀뿌리 민주주의도 위험에 빠진다고 나의 경험들이 아우성친다. 그렇다면 우리가 지역을 말할 때, 지역의 리얼리티인 깨져버린 지역성을 먼저 느껴야 하지 않을까?

  양미의 『너무나 정치적인 시골살이』는, 뒤집어서 생각하면 그 밥을 얻기 위한 쟁투의 기록이기도 하다. 도시의 순환되지 않는 밥은 먹지 않겠다는 결심이 저자를 시골로 향하게 했으니 말이다. 하지만 이미 시골은 지역성을 잃어버리고 말았다. 자신들이 먹는 밥에 지역의 고유한 역사와 문화가 사라진 것이다. 대신 그 자리를 이런저런 형식적인 제도와 법리들이 꿰찼다. 그런데 이게 시골 자체의 문제인가? 그것은 그동안 대한민국의 근대사가 도시만, 특히 서울만 비대하게 살찌우느라 시골을 방치하다 못해 이용해왔기 때문 아닌가? 그리고 뭐가 뭔지 모르겠는 서울의 문화를 시골에 이식시켰기 때문이다. 그럼에도 불구하고 저자는 이 책의 마지막에 꺼져가는 모닥불에 마른 장작을 던져주듯 몇 가지 대안을 제시하는 의지를 보여주고 있다.

  마지막으로 앞에서 말한 지역의 리얼리티가 고통스럽게 표현된 시 한 편을 소개해 보겠다.

사기당해 밤길 밟아 고향을 떠났던 누이

스무살 아들이 교통사고로 죽었다는 소식에 밤길 밟아 달려왔다

조각난 얼굴

어디에도 없는 눈

아들의 마지막 얼굴은 누이의

가슴속에서 조각난 채로 무너졌다

구석이 흐느끼다가

구석으로 밀려났다

잘못 디디면 끝도 없이 떨어질 벼랑으로

누이는 밀리고 또 밀렸다

만날 때마다 늘 마지막이었던 아들

저승에서도 찾지 못할 것이라고

밀려난 구석이 가슴을 쥐어짰다

- 박경희, 「구석에서」(『미나리아재비』, 창비)

    시의 내용은 참담한 개인사지만, 그 바탕에는 '잘못 디디면 끝도 없이 떨어질 벼랑'이 지금 우리의 시골이라는 뜻하지 않은 메시지가 잠겨 있다. 모든 것이 '밀리고 또' 밀리고 있는 시골에 이식되고 있는 것은 바로 도시의 이그러진 민주주의였던 것이다.

지역문화는 안녕한가?

제2부

소멸되지 않는 지역문화, 어떻게 가능한가?

겨울에서 봄을 기다리며 : 민주주의와 문화적 상상력
고영직 문학평론가

격변기의 문화정책, 무엇을 해야 하는가?
염신규 (사)한국문화정책연구소 소장

오이코스의 귀환과 문화의 생태적-지리적 전환
백용성 아트포러스 대표, 경희대학교 후마니타스칼리지 객원교수

외로움을 넘어, 새로운 연대를 향해
이초영 별일사무소 대표

삶의 테두리로서의 '지역'
최실비 『경기문화저널』 편집위원

서로가 서로를 돌보는 지역문화 생태계는 가능하다
이동준 이천문화원 사무국장

학산마당극놀래, '문화공동체예술'의 근거지로서의 마을축제와의 '이별'과 그 이후
박성희 인천 남구학산문화원 사무국장

대담
〈2024 지역문화 정책 콜로키움 '사라지지 않는다'〉
김명수 경기도문화원연합회 연구원

겨울에서 봄을 기다리며 : 민주주의와 문화적 상상력

고영직
문학평론가

소멸되지 않는 지역문화, 어떻게 가능한가?

지역소멸 시대에 다시 읽는 『국토와 민중』

　소설가 박태순의 『국토와 민중』(1983)은 유홍준의 『나의 문화유산 답사기』 시리즈가 출간되기 이전에 나온 국토 기행문으로 국토, 더 정확히는 '지역'의 숨결을 복원하며 내가 사는 지역에 대한 관심을 뜨겁게 촉발한 책이었다. '국토인문학'이라는 새로운 글쓰기의 지평을 연 박태순의 국토 기행집 『국토와 민중』은 신경림 시인의 『민요 기행』(1983~1985)과 더불어 1980년대 독자들의 많은 사랑을 받으며 '국토입문서' 노릇을 톡톡히 했다. 전국적으로 답사 열풍이 일어났다.

　『국토와 민중』에서 여전히 현재성을 갖는 문장들이 여럿 있다. 예를 들어 '한반도를 좁혀 놓고자 애쓰는 것이 정치·경제의 힘이라면, 그 한반도를 넓혀 놓는 작업은 문화가 해야 할 일이다' 같은 문장을 보라. 박태순은 이같은 문제의식으로 근대화·산업화·도시화 과정을 혹독히 겪어온 우리나라 온 국토를 직접 '발품'을 팔아 곡진한 엘레지*Elegy, 悲歌*를 썼다. 박태순은 조세희·이문구·황석영·이청준·윤흥길 등과 더불어 1960~1970년대 한국소설의 르네상스 시대를 이끈 주역이었다. '외촌동 사람들' 연작으로 잘 알려진 그의 대표작 『정든 땅 언덕 위』(1973)는 서울 변두리 공영주택에 사는 217가구 하층민들의 삶을 핍진하게 그려냈다.

　여기서 철 지난 박태순의 『국토와 민중』의 문장을 환기하는 것은 다른 데 있지 않다. 지역소멸과 인구소멸 위기를 겪는 지금 여기 대한민국에서 지역을 존중하고, 사람을 귀하게 여기며, 문화와 예술의 상상력을 바탕으로 한 역할을 전적으로 신뢰하는 우리 시대 안내서와 정책이 어느 때보다 절실히 필요하기 때문이다. 박태순의 책을 출간한 한길사 김언호 대표가 "한국인들에게 '국토가 무엇인가'라는 문제의식을 제시했다"고 평한 것은 헛말이 아니다. '오늘의 한반도는 광의廣義의 서울시'라고 할 만큼 대한민국은 서울을 비롯한 수도권 일극화—極化 체제로 심화되었다. 그래서 수도권을 제외한 지역에 산다는 것은 '2등 국민' 신세가 되었다는 의미가 아니던가.

하지만 정부의 대응과 광역 및 기조자치단체의 대응은 너무나 미온적이다. 정부는 지역소멸과 인구소멸의 시대 2023년 지방시대위원회를 신설하고, '지방시대'를 선언했지만, 정부의 정책 기조는 사실상 기민棄民 정책이었다. 2025년 문체부 예산안에 따르면, 지역문화진흥 정책사업의 예산이 단돈 '16억 원'에 불과하다는 점은 무엇을 말하는가.

광역과 기초자치단체 또한 지역의 문제와 위기를 대응하는 문제의식과 정책이 너무나 피상적이다. 특히 지역에서 '연결될 권리'에 대한 문제의식은 사실상 전무했다. 지역활동가 양미는 『너무나 정치적인 시골살이』(동녘 2024)에서 우리는 '연결될 권리'가 있으며, "연결되지 못하는 시골살이는 사람들을 각자도생으로 몰아간다"고 주장한다. 수년째 시골살이를 하는 그가 '여전히' 자동차를 운전하지 않으며, 자립하는 삶을 고민하며 분투한다. 나는 "불편하다고 각자 개인적인 방법으로 해결하면 결국 악순환이 되지 않을까요?"라는 그의 말에서 진심을 느낀다.

양미의 말처럼 지역 대중교통 체계 정비는 '노답'이 아니다. 양미가 제시한 해법은 '버스공영제'다. 2013년 5월 전국 최초로 버스공영제를 실시한 전남 신안군, 2020년 7월 버스공영제를 도입한 강원 정선군은 공영제 이후 이용객이 급증했다. 2021년 기준 신안군은 20만 명에서 67만 명으로 늘었고, 정선군은 약 54% 증가했다. 2023년 '모든 승객 공짜'를 표방한 경북 청송군의 농어촌버스 무료 운영 또한 주민과 관광객들의 호평을 받는다. 혈세 먹는 하마로 전락한 시내버스를 완전공영제 또는 준공영제로 바꾸어야 한다는 목소리는 곳곳에서 드높다. 문제는 정부와 지자체의 적극적인 정책 의지와 대책 마련이다. 못하는 게 아니라 안 하는 것이라고 나는 생각한다.

'시민侍民 민주주의'를 행동하자

12·3 비상계엄 사태는 결국 12월 14일 국회에서 대통령 탄핵소추안이 가결됨으로써 새로운 국면을 맞게 되었다. 11일 만이었다. 이와 같은 헌정사의 비극은 어느 논자가 말하듯이 '압축 소멸 사회'(이관후)에 대응하려는 '정치'의 실종에서 비롯되었다고 할 수 있다. 이관후는 "정치가 소멸한 사회는 공동체의 소멸을 막을 수 없다."고 말한다. 우리나라 주권자들이 대의민주주의의 위기를 넘어 직접민주주의를 실천하며 한국 민주주의의 회복력을 확인해준 사건이었다고 말할 수 있다.

'국난 극복'이 체질이 된 대한민국 주권자들은 2차 비상계엄이 선포될지 모른다는 불안과 두려움 가운데서도 차분하게 행동했다. 8년 전 박근혜 탄핵 때의 시위문화와도 사뭇 달랐다. 대한민국 주권자들은 겨울 한강에서 불어오는 칼바람에도 굴하지 않고 각자의 방식으로 시위에 참여했다. 저마다의 깃발을 만들었고, K팝과 민중가요에 맞춰 춤추고, 노래하고, 다 함께 구호를 외쳤다. 본행사 외에도 작은 민회民會를 연상시키는 공론장들이 여의도 곳곳에서 펼쳐졌다. 누군가가 '내가 춤출 수 없다면 혁명이 아니다'(엠마 골드만)라고 한 말이 실감되는 시간이었다. 하지만 어제까지 '눈떠보니 선진국' 타령에 우쭐해하던 주권자들은 경제협력개발기구(OECD) 가입국 중 '계엄'을 선포한 유일한 나라라는 불명예를 떠안으며 자존심에 상처를 입었다.

그리고 현재의 시간이 진행되는 지금의 시간이 더 중요하다. 이른바 '희망 소멸 사회'는 위험사회의 징후이기 때문이다. 우리가 바라는 나라는 어떤 나라인가. 우리는 어떤 나라에 살고 싶은가. 이러한 질문을 던지고 대안을 찾지 않으면 희망이 소멸된 사회로 전락하는 것은 시간 문제가 될 것이다. '그들의 나라'를 넘어 '우리들의 나라'를 상상하고, 무엇이 좋은 나라인지 사회대개혁을 위한 사회협약을 이루어야 한다. 지역소멸과 인구소멸 같은 이슈와 문제들이 핵심의제가 되어야 한다는 점은 너무나 당연하다.

쉽지 않다. 혐오와 배제의 '분쟁 사회'가 되어버린 정치 지형에서 만만치 않다. 하지만 함석헌 선생이 "비전이 없는 백성은 망한다."고 했던가. 나라 전체가, 사회의 토대가 한순간에 무너질 수 있다는 비상한 위기의식을 갖고 마음을 모으고 지혜를 모으고 행동해야 한다. 죽은 말이 되어버린 공정과 상식의 가치를 바로 세우고, '사람'을 귀하게 여기는 생명 존중의 문화사회로 전환해야 한다. 경제민주화를 포함한 사회권 논의를 통해 노동하기 좋은 나라와 인권이 존중되는 나라라는 사회 비전을 협약해야 한다. 기후위기 같은 탈근대 과제들 또한 외면할 수 없다.

우리는 지금, 이탈리아 사상가 A.그람시의 말처럼 공위기 *空位期, Interregnum*의 시간을 통과하고 있다. 낡은 것은 갔지만, 새것은 아직 오지 않았다. 하지만 지금의 시간이 헌재의 시간 '이후'의 시대를 예비하는 변곡점의 시간이 되기를 나는 희망한다. '드높은 문화의 힘'을 한없이 신뢰했던 백범 김구 선생의 사회 비전을 다시 생각한다. 만민평등의 세상을 바랐던 19세기말 동학 사상과 운동에 눈길이 자주 가는 것도 그런 이유 때문이다. 『녹색평론』 188호(2024년 겨울호)에 실린 원광대 조성환 교수가 쓴 문장이 특히 오래 마음에 남는다. '동학이 지향한 민주주의는 모시는 시민*侍民*들에 의한 '시민*侍民* 민주주의'였다.' 결국, 민주주의는 영구혁명이다.

'사람'을 귀하게 여기자

어느 시인은 '사람이 온다는 것은/ 실은 어마어마한 일이다// 한 사람의 일생이 오기 때문이다'(정현종, 「방문객」)라고 썼다. 사람을 귀하게 여겨야 하고, 사람은 사람과 어떻게 살아야 하는

지 강력히 환기한다.

지역문화가 사라진다는 것은 서사의 소멸을 의미한다. 앞서 박태순이 언급한 것처럼 '한반도를 넓혀 놓는 작업'이 필요한 것은 너무나 당연하다. 그런 점에서 2024년 유독 자주 찾은 지역인 전남에서 작은 희망을 보았다. 전남문화재단 자율기획형 사업 책임심의위원을 맡아 해남, 담양, 곡성, 고흥 등지를 찾았다. 시인보다는 '전사'이고자 했던 김남주 시인(1945~1994) 30주기를 맞아 김남주기념사업회가 극단 토박이와 손잡고 상연한 시극 〈은박지에 새긴 사랑〉 관극차 해남을 처음 방문했다. 곡성 한국실험예술정신이라는 단체가 옥과면 신흥마을에서 국내외 예술가들과 함께 옛 신흥상회를 꾸며 마을 갤러리를 만든 멋진 프로젝트를 만날 수 있었다. 따뜻한 10월의 가을 한낮에 이루어진 오프닝 행사는 조촐한 마을 잔치가 되었다. 아츠뷰라는 단체는 신안군 매화도 옛 매화분교에서 추진한 프로젝트 〈잊혀지는 섬, 사라지지 않는 기억〉을 통해 기억투쟁의 주제로 아카이브 작업을 진행했다.

이처럼 문화와 예술 활동을 통해 지역의 가치를 발견하는 작업은 계속되어야 한다. 물론 이것만으로는 충분하지 않다. 지금 여기 대한민국에 '사람'을 귀하게 여기는 문화를 세워야 한다. 이 점에서 저 19세기 말 수운 최제우와 해월 최시형이 창도한 동학의 삼경三敬 사상은 매우 의미가 있다. 하늘을 공경하고敬天, 사람을 공경하며敬人, 사물을 공경하라敬物고 한 해월의 가르침은 글로벌 복합 위기 Global Polycrisis 시대 우리의 오래된 미래이자 새로운 문화적 비전이어야 한다. 정치철학자 낸시 프레이저가 말하는 '식인食人

자본주의 Carnival Capitalism'가 우리의 미래일 수는 없기 때문이다. 지역의 토양은 결국 지렁이들의 힘으로 바뀐다.

지금 여기 대한민국의 민주주의의 위기는 비전과 로드맵의 부재에서 비롯된 바 크다. 그 결과 우리는 한국 민주주의가 '서서히 죽는 Slow death' 상태에 처했다. 실제 사람들 또한 죽어가고 있다. 통계청이 발표한 월별 자살자 통계를 보면, 2024년 1월의 경우 '1,306명'으로 역대 최고를 기록한 것을 보라. 2023년 987명. 문제는 내 일 Job도, 내일도 기대할 수 없는 외로운 시민들이 급증한다는 점은 위험신호일 수 있다. 정치철학자 한나 아렌트가 '전체주의는 외로워진 대중의 지지로 유지된다.'고 한 현상이 지금 여기 대한민국에서 일어나고 있는 셈이다. 공위기의 시간에 우리 안의 반지성주의를 성찰하고, '영성 없는 진보'(김상봉)의 문제를 성찰하며 사회적 비전과 로드맵을 짜야 한다.

우리에게는 지역을 상상하는 새로운 '이야기'가 필요하다. '모든 것은 예전처럼 계속되어야 한다'는 이야기는 너무나 낡은 이야기에 불과하다. 거듭 강조하지만, 우리에게는 새로운 이야기가 필요하다. 민주주의가 영구혁명이듯이, 문화와 예술 또한 영구혁명의 속성을 띠는 것은 그런 이유 때문일 것이다. 박태순은 '민중은 이야기를 가지고 있으나 입이 없다.'고 말했다. 이 땅에 민중들이 사는 한, 이야기는 멈추지 않을 것이다. 지역소멸과 인구소멸의 시대 갈수록 문화와 예술의 역할이 더 중요해지는 것은 그런 이유 때문일 것이다. 겨울 한복판 와중에도 봄의 지령 地靈이 땅 밑에서 꿈틀거리고 있다.

격변기의 문화정책, 무엇을 해야 하는가?
최근 지역문화정책을 중심으로

염신규
(사)한국문화정책연구소 소장

소멸되지 않는 지역문화, 어떻게 가능한가?

최근 들어 지역문화정책에 있어서 부정적인 현상과 전망이 점점 커져가고 있다. 이는 무엇보다 지역문화정책의 기반이 되는 현장, 즉 지역의 상황이 점점 나빠지고 있기 때문이다. 추상적인 개념이 아닌, 구체적인 시민들의 일상이 이뤄지는 현실 공간이란 측면에서, 지역에서 구체적인 일상을 살아가는 주민들의 문화, 즉 지역주민의 '라이프스타일'에 영향을 줄 수 있는 모든 요소들이 지역문화정책에 직·간접적으로 영향을 미치고 있는 사회문화적 환경인데 흔히 '지역소멸'이라는 한 단어로 표현되듯 여러 정부의 정책적 목표가 내세우는 이상적 비전과 방향설정에도 불구하고 지역의 현실은 오히려 갈수록 악화되고 있다. 서울-수도권과 일부 광역대도시를 제외하고는 자립적인 생산기반이 사라져버린 게 노골적인 현실이며 이를 타개할 현실적인 전망도 보이지 않는다. 한 가지 극단적인 예를 들자면 이런 것이다. 몇 년 전 귀촌귀농을 위해 고향인 파주 농촌 지역으로 돌아온 예술가에게 들은 이야기인데 그는 부모에게 물려받은 고향의 농지에서 농사를 짓기 위해 열심히 귀농교육을 받으며 농사를 배우기 시작했다. 그런데 열심히 귀농교육을 받던 그이가 매우 실망하고 토로한 내용은 다음과 같다. 농림부 등에서 파견되어 귀농교육을 진행하는 강사들이 대놓고 "농업은 현실적으로 경제적 전망이 없다."고 얘기하며, 다만 이러저러한 정책자금을 저리로 대출받을 수 있으니 그런 걸로 농업을 유지하며 버티라는 이야기를 대놓고 한다는 것이다. 그렇게 버티다보면 언젠가는 지금의 농지도 인근 도시 지역에 편입되는 행운을 얻을 수 있고 그러면 상당한 부동산 개발의 이익을 취할 수 있다는 게 그런

강사들이 제시하는 전망이란 것이다. 다소 극단적인 사례처럼 들릴 수도 있지만 그만큼 지역에서의 자립적 삶의 기반이 심각하게 붕괴되고 있다.

그러면서 최근 지역문화정책 관련 연구에서는 정치, 경제, 사회, 산업, 인구 등 다양한 영역의 거시환경 변화와 연결하여 지역문화 정책이슈가 제시되고 있다. 2019년 6월 발표한 『문화분야 2045 중장기 비전과 핵심의제 연구』(대통령직속 정책기획위원회)에서는, 미래사회 트렌드 분석으로 총 8개의 주제를 제시했는데, ▲ 인구 감소와 사회구성의 변화 ▲ 삶의 위협에 대한 저항과 사회 현상의 다양화 증대 ▲ 기술의 진보에 따른 인간 존재 방식의 혼란과 관계의 질 변화 ▲ 경제기반의 변화에 따른 협력과 공유 관계의 필요성 강화 ▲ 기술과 산업구조의 변화에 따른 노동과 인간의 관계 변화 ▲ 환경문제의 확대와 안전이 기반 된 도시 문화에 대한 사회적 공감 확장 ▲ 대의 정치의 위기와 직접민주주의적 방식의 확장 ▲ 평화번영시대 새로운 한반도 문화 트렌드 분석 등이었다. 지역문화정책이 단순히 지역의 예술이나 문화향유 등 전통적으로 다루어져왔던 문화정책 과제뿐만 아니라 지역에서의 일상과 연계된 다양한 삶의 조건들을 포괄적으로 다루어야 하는 상황에 놓여 있다는 것이다.

그렇다면 이런 상황에서 최근 수년간 윤석열 정부의 지역문화예술정책 방향이 적절했을까? 아직 그 전반을 평가하기엔 시기상조이지만 몇 가지 짚어볼 대목이 있다. 우선 윤석열 정부는 2023년 11월 〈지방시대 종합계획(2023~2027)〉을 발표하고 지방분권-

균형발전 5개년계획을 통합하여 추진할 것을 천명했다. 2000년대 이후 '지역'이란 단어로 대체되어왔던 '지방'이란 표현을 다시 사용하기 시작한 것이 매우 이례적이며 이는 지역정책에 대한 현 정부의 입장이 그간의 관점과 미묘한 차이가 있음을 시사하는 것이라 할 수 있다. 지역과 중앙의 관계를 다시 수직적 위계로 보는 시각이 등장한 것으로 볼 수도 있다. 또한 이 계획이 문화예술 분야에 대해 특화된 계획은 아니지만 지역문화에 대하여 관광과 콘텐츠 중심 편중이 다소 심하다는 인상을 주고 있었다.

문화체육관광부는 이에 앞서 2023년 3월 〈지방시대 지역문화정책 추진전략〉을 내놓았는데 역시 이전 정부의 정책기조를 완전히 뒤집듯 달라졌다고 볼 수는 없으나 콘텐츠와 관광을 강조하는 흐름은 역시 두드러지게 나타났다. 이런 전반적 기조에 대하여 지역문화정책의 장기적 비전과 전략, 방향성이 사라지고 1980~90년대식 단순 문화 복지 사업과 정부 주도의 공급사업, 개발정책에 가까운 관광사업과 콘텐츠 지원사업의 편향성이 강하다는 비판이 제기되기도 했었다. 이는 2024년 문화부 업무계획에서 여실히 드러나는데 문화복지 지원 명목으로 시민을 대상화하는 현금성 지원, 바우처 지원이 확대되었으나 정작 시민들이 직접 문화의 주체로 참여하는 생활예술 지원과 정책은 위축되어버렸고 지역의 문화생태계를 만들어내는 지역문화 정책은 사라지고 그 자리를 관광정책과 개발 지향의 사업위주로 짜여져 있었다. 특히 사회문제와 지역문화정책의 연계가 지역인구 소멸이나 세대간 갈등 문제 등 몇몇 최신 이슈에만 집중되고 사실상 당면한 현안이라 할 수 있는 기후위기 문제, 지역 내 불평등 문제 등은 전혀 고려되지 않고 있다고 분석된다. 또한 현장 중심의 문화정책을 만들어가는 기본 토양이 되는 문화/예술 관련 거버넌스가 정책 전반에서 거의 사라져버렸고 행정에 의해 기능적으로 조정되고 감독되는 문화정책과 사업 중심으로 짜여지고 있는 것은 우려할 상황이라 할 수 있다.

    지난 문재인 정부의 법정 문화도시 사업의 다음 버전을 표방한 '대한민국 문화도시 사업'에서도 드러나지만 지역의 자율성이나 복잡성에 대한 폭넓은 접근보다는 중앙 중심 사고를 전제에 깔고 지역을 기능적인 공간으로 분할하는 관점이 다시 등장하고 있는 것은 상당히 퇴행적 방향 설계다. 지역이, 그 내부에서 스스로의 문화적 문제를 진단하고 의제를 도출해나가는 방식이 아니라 중앙의 잣대로 지역을 기능적으로 분할하여 역할을 부여하는 방향이기 때문이다. 장기적인 경기침체와 코로나 상황 이후의 사회적 공공재원의 위축이 우려되는 상황에서 지역문화정책에 대한 기능적 측면에 편향된 접근은 사회정책으로서 문화정책이 기본적으로 담당해야 할 사회적 활력의 유지와 회복력에 기여하는데 그 한계가 뚜렷할 것이다. 그래서 무엇보다 현 단계에서는 공공정책으로서 문화(예술)정책을 통해 이루고자 하는 것이 무엇인지에 대한 근본적 질문이 필요한 상황이며 다음과 같은 문제의식들이 정책방향 설정에서 앞서 고민되어야 할 것이다.

    첫째, 사회 발전 전략으로서 지역문화정책도 당연히 필요하며 유의미하지만 그것에 대하여 기능적 접근에 치우쳐서는 정작 충분한 효과를 창출할 수 없으며 따라서 지역에서의 문화의 사회적 기능에 대한 재인식이 필요하다.

둘째, 문화예술정책은 자원의 투입에 따른 산출의 효과 못지않게 그 파생 효과에 대한 기대와 예상을 전제로 짜여져야 한다. 그런데 현재 지역문화정책으로 제시되고 있는 전략과 과제는 그 부분에서 매우 취약하며 이 역시 표면적으로는 상향식 의제설정을 표방하고 있으나 전형적으로 하향식·공급형 문화정책의 틀에 벗어나지 못하고 있기 때문이다.

셋째, 무엇보다 지역문화를 둘러싼 복잡한 관계의 생태계의 복잡성에 대한 고려한 자율성·능동성의 파급효과를 고려하지 않고 사업단위로 바라보고 있는 관점이 가장 큰 문제이다. 이런 관점의 근본적 수정이 이뤄지지 않는다면 지역에서 지속적인 성과의 재생산을 기대하기 힘들 것이다.

# 오이코스의 귀환과
문화의 생태적-지리적 전환

백용성
아트포러스 대표, 경희대학교 후마니타스칼리지 객원교수

소멸되지 않는 지역문화, 어떻게 가능한가?

모든 아티스트는 비슷합니다. 그들은 예술보다 더 사회적이고, 더 협력적이며, 더 현실적인 무언가를 꿈꾸고 있습니다.

- 댄 그레이엄*Dan Graham*

오이코스가 온다

다시 오이코스가 오고 있다. 아직 분명한 형태를 갖추진 않았지만 분명 그것은 오고 있음에 틀림없다. 물론 오이코스는 그 터와 밀접한 사람들의 거주처이며 그래서 어떤 이야기들이 태동하여 자라나고 확산되며 이어지는 삶의 터이기도 하다. 이것을 우리는 지역이라고도 부르고, 동네라고도 부르지만 무엇보다 간혹 환하게 열리는 광장에 앞서 든든하게 있는 원초적인 삶의 바탕이다. 그러니 지역은 도래하는 공동체의 삶, 좋은 삶을 위한 기예*art*를 증진할 수 있는 삶터이자 예술의 터가 되어야 한다.

이제 새로운 오이코스의 상상이 필요하다. 터무늬 이전에 '터' 자체를 상상해야 한다. 이는 삶과 문화예술 사이에 그어진 빗금을 넘어야 하는 문제이다. 사실 이미 미적, 예술적인 경험은 오래 전부터 삶의 기예로서 기저에 편재되어 있었다. 나아가 소위 현대예술조차도 '사회적 조각'으로서의 예술을 주장하지 않았던가. 그래서 더 나은 삶을 위한 도道와 기예가 돌아온다. 삶의 예술이자 기술은 자연을 포함해 우리의 신체, 에로스, 타인과 연결하는 공동체, 동네 공간 등 모두와 연결된다. 거기에 자기배려, 자기생산. 타자배려와 협력의 연대가 자리잡는다.(최근 집회문화에서 보여준 자발적 참여, 협력, 연대, 선결제 등과 같은 여러 배려들이 이를 잘 보여준다.)

지역문화예술의 지원 사업은 이를 촉진시키고 증진하며, 함께 성장하는 영역을 발굴해야 한다. 하지만 막히고 있다. 상투화되어 가는 제도와 '문화예술'이라는 꼬리표가 발목을 잡는다. 이를 넘어서야 한다. 다 떼고 온전히 터와 터에서의 삶의 정착, 삶의 리듬을 지속 가능성으로 만들어가는 도를 배워야 한다.

만사형통의 시대는 끝났다

막히면 돌아가라고 하지 않았던가. 잠시 방향을 점검해보자. 먼저 문화와 민주주의의 문제를 살펴보고, 그 다음 매우 어려운 방향문제를 다시 더듬어 봐야 할 것 같다.

사실 한국문화예술위의 출범 이후 다양한 목소리들과 주체들이 자신의 옷을 입고 문화예술의 무대로 등장하기 시작해다. 정책방향과 관련해서만 말하자면 그것은 한편으로 문화민주화라는 날실과 다른 한편으로는 문화민주주의라는 씨실을 엮어내 만들어내는 문화의 민주화과정이었다고 볼 수 있다. 잘 알려졌다시피 문화민주화는 위로부터 아래로의 방향을 갖고 있고, 문화 민주주의는 아래로부터 위로의 방향을 갖고 있다. 고급문화의 장벽을 완화하고 향유의 기회를 확장하는 것은 '위로부터'의 정책이며, 하위

문화를 포함해 다양한 문화적 미적 가치관을 인정하며 그들 스스로의 문화적 참여을 촉진하는 과정이 '아래로부터'의 정책이다. 아직도 말이 많고, 여러 불만과 불평들이 상존하지만, 이제 큰 틀에서 문화의 민주화는 어느 정도 자리를 잡아가는 것으로 보인다. 곳곳에 문화예술 공간들이 자리를 잡고, 청년작가들부터 전문예술가들까지의 지원이나, 일반 대중의 문화 향유의 기회들도 양적으로 많아졌으며, 다양해진 것도 사실이다.

그러나 바로 그 자리잡음, 제도적 정착이라는 사실 자체가 하나의 상투성을 강화하는 것처럼 보인다. 주역에서도 말하듯이 어떤 것이 극에 이르면 그것이 다른 극으로 변하는 역전이 일어난다. 원형적인 것은 상투적인 것으로 되고, 또 때가 되면 상투적인 것이 놀라울 정도의 생기를 얻은 원형적인 것으로 된다. (그렇게 뽕짝은 케이-트롯으로 영웅처럼 귀환한다.) 이제 그 '때'가 왔다. '문화'의 민주화나 문화의 민주주의화 이전에 '민주주의' 그 자체가 무엇인지가 문제가 되는 때다. 패러다임의 전환점이다.

사람을 키우고, 그 지속 가능성을 강조하는 생태적 전환에 주목하라

방향에 예민해질 때이다. 위-아래의 수직선만 보아선 안 된다. 바로 옆, 곁, 나란히 하기를 볼 때이다. 그레이엄이 말했듯 "모든 아티스트는 비슷합니다. 그들은 예술보다 더 사회적이고, 더 협력적이며, 더 현실적인 무언가를 꿈꾸고 있습니다." 아닌 게 아니라 참여, 초대, 소통, 만남 등을 강조하는 '관계미학'이든, 작품과 독자 혹은 관객과의 연합체로서의 예술의 객체성에 주목하는 '객체지향존재론'의 미학이든, 듀이에 기반한 프라그마티즘 미학이든 최근의 미학은 '더 사회적이고, 더 협력적이며, 더 현실적인 무언가'를 지치지 않고 강조하고 있다. 한국에서의 여러 프로젝트들 또한 이러한 관계적이고, 공통체적이며, 협력적인 공동-실행과 향유의 과정들을 잘 보여주고 있다. 그것이 억지로 쥐어짜는 '문화예술'이 아니라 진정한 '민주주의적'인 과정이요 성취들이다. 좋은 삶은 거기에서 싹튼다. 이를 우리는 지속 가능성을 강조하는 '생태적 전환'이라 부른다.

지역문화예술에서 가장 중요한 지원사업은 지속 가능하게 '사람'을 키우고 남기는 사업이 되어야 한다. 지역 소멸의 위기, 고령화 사회의 도래를 포함하는 새로운 오이코스의 시대에 예술과 연결을 통해 상생할 수 있는 방안을 찾아야 한다. 먼저 기초적인 먹고사니즘의 연결망이 필요하다. 네덜란드에 사는 한 예술가 친구는 그곳 정부에서 예술인을 존중해 노인복지와 연결해 일자리를 마련해주고 있다고 한다. 예술가의 자기배려의 시간과 노인돌봄을 연결하는 또 하나의 돌봄이자 배려이다. 노인들과의 관계맺음에도 예술이 가능하다.

또한 연구자, 비평가가 필요하다. 예를 들어 춘천시에서 행해졌던 '도시가 살롱' 프로젝트는 매우 획기적인 사업인데도, 그 문화적 실천에 대한 진지한 비평적, 철학적 접근은 전혀 찾아 볼 수 없다. (이 외에도 여러 지역과 삶터에서 벌어지는 크고 작은 프로젝트들, 리빙 랩들이 알려지지 않고 묻히고 있다.) 그리고 매개자, 촉진자로서 기획자가 필요하다. 하지만 일회적이고, 사업성과만을 측정하는 것으로 그치는 것이 아니라 '지속 가능한' 방식의 사업이 중요하다. 지속 가능하다는 것은 계속해서 생기가 도는 어떤 자발적 순환이 존재한다는 것이다. 그것은 반복이 있지만, 리듬있는 반복이지 점점 지루해지고 피로해지는 반복이 아니다. 하지만 또 무엇보다 이를 전체적으로 돌보고 실천할 수 있는 작당하는 어떤 연결망을 갖춘 터가 또한 필요하다. 문화재단이든 문화원이든 작은 동아리든 이러한 터의 연결망들이 다양하게 움터야 할 것이다.

오이코스는 에코노미가 아니다. 세계화나 글로벌은 없고 오직 가이아나 오이코스들만이 있다. 대문자 공중Public은 없고 소문자 공중들이 있다. 중앙은 없고 지역들만 있다. 공화국인 레스 퍼블릭Res pulic은 염려물들Res과 공중들Pulics의 새로운 연결방식, 거주 방식을 요청한다. 제도들은 개선될 수 있고, 혁신된다. 거만한 이미지의 국회는 다채로운 응원봉의 축제 놀이터로 변한다. 새로운 '나란히-가기'의 정치, 문화예술을 탐색할 때이다.

지역문화는 소멸하지 않는다

외로움을 넘어, 새로운 연대를 향해

이초영
별일사무소 대표

소멸되지 않는 지역문화, 어떻게 가능한가?

Loneliness doesn't discriminate(외로움은 차별하지 않는다)

'외로움은 차별하지 않는다'는 영국의 '외로움' 이슈가 대한민국에서 어떤 모습으로 정착하고 있을까? 2018년, 영국 정부가 외로움Loneliness 문제를 국정 의제로 제시하고 범부처 전략을 내놓았다. 이런 영향을 받아 국내도 관련 연구와 논의가 바로 시작되었다고 기억한다.

당시 국정철학으로 제시된 '혁신적 포용국가'는 삶의 질을 중심으로 한 정책 방향을 강조했으며, 저출산·고령화와 1인 가구 증가 등의 사회 변화에 따라 외로움이 부상할 현상임을 시사했다. 이런 배경 안에서 2021년, 문화도시 1기인 영도문화도시센터와 별일사무소는 '비자발적인 사회적 고립'에 주목하여 고립 위험에 처한 8명의 부산시 영도구 주민과 7명의 복지 관계자를 찾아가 '고립'에 대한 발화 내용을 듣고 '고립의 개념도'와 '고립을 완화하는 방법의 개념도'로 연구 결과를 도출했다. 연구 결과에 따라 사회복지영역 '돌봄', 문화예술영역 '사회적 관계', 지역사회 '네트워크'를 결합한 '문화예술 통합형 커뮤니티 케어' 영도 모델 체계를 민관협력구조로 제안했다.[1]

---

1 연구 보고서 : 사회적 고립 완화를 위한 문화예술 통합형 커뮤니티케어 영도 모델 개발(영도문화도시센터 네이버 블로그 https://blog.naver.com/ydartcity/223694968916)

비자발적 고립이 더해지면 외로움은 차별한다

주관적인 생각을 밝히자면, 대한민국에서 외로움은 차별한다. 정확히 표현하면, 사회적 외로움은 당사자를 차별한다.[2] 물리적으로, 심리적으로 고립될 가능성이 높은 사람들에게 들이닥친 사회적 외로움은 정서적 외로움으로 이어진다. 즉 비자발적 고립이 더해지면 어쩔 수 없이 외로워진다는 의미이다. 빈집투성이에 살고 있을 때, 감염병으로 바깥에 나갈 수 없을 때, 노령의 친구와 지인들이 세상에 없어 만날 사람이 없을 때, 거동이 어려워 외출이 어려울 때 등, 내가 사회와 맞닿을 수 없으면 늘 그 서로의 자리에 머물러 평행선만을 유지할 뿐이다. 특히 연구를 진행할 때, 주민들의 집을 방문하면서 그들의 불안을 가깝게 느낄 수 있었다. 누구는 물건을 버리지 못하거나 계속 들여와서 한없이 꽉꽉 차 있고, 누구는 이불 하나, 냄비 하나, 수저 한 쌍만 있는 거의 빈집 수준으로 지내고 있었다. 비어 있으면 채우거나, 채움이 부담스러우면 비우고 싶은 마음이 집과 닮아 있었다.

---

2 외로움의 대표적인 유형 분류는 정서적 외로움과 사회적 외로움이다. 정서적 외로움은 애착 상대가 없어서 나타나는 쓸쓸한 감정, 불안정한 상태를 뜻하며, 사회적 외로움은 공통의 관심사와 활동을 공유하는 친구, 동료, 이웃이 없거나 사회적 연결망이 사라졌을 때 개인에게 나타나는 상실감, 사회적 배제를 의미한다. (신인철·최지원, 외로움은 개인만의 문제가 아닌 사회적 질병, 2019, 서울연구원)

'사회적'이 가진 의미는 그 원인과 해답이 모두 '사회'라는 뜻

연구 과정에서 영국의 '예술기반 사회적 처방'이라는 개념을 알게 되었다. '의학적 처방으로는 즉각 해결할 수 없지만, 시간이 지나면서 건강에 실질적인 영향을 미치는 문제'를 겪는 사람들을 주요 대상으로 삼아, 단순한 '질병 치료'를 넘어 '웰빙'이라는 더 넓은 관점에서 접근한다. 육체적, 정신적, 사회적 균형을 맞춰 개인의 행복감을 높이는 접근법이 개인의 문제를 파악하고 해결하기 위한 '엔트리 구조'이며, 단순 커뮤니티 연결과 다르다고 그들은 설명한다. 혼자서 해결하기 어려운 문제가 생겼을 때 매개자이자 상담 역할의 '링크워커'를 통해 적절한 해결책을 찾는 체계를 거쳐 개인 관심사에 맞춘 예술, 원예, 달리기, 자연보존 작업 등, 사회적 처방을 받는다.[3]

영도의 연구에서도 밝혀진 주요 내용 중 하나는, 고립을 벗어나는 순간은 할 일, 갈 곳, 활동 상대가 있을 때였다. 아울러 내 상황을 우리 마을의 누군가 알고 있다는 안심이 고립감을 낮췄다. 또, 혼자만 남은 시간을 나만의 특별한 시간으로 변화시키는데 문화예술 활동이 매우 유효했다. 이를 위해 당사자의 취향과 성향에 따라 정적 활동과 동적 활동이 병행되어야 하며, 사회적 관계를 형성하는 과정 역시 일상생활의 연장 측면으로 접근하여, 서로 안부를 확인할 수 있도록 디자인하는 것이 중요하다.

---

3 〈영국의 사회적 처방을 이끄는 허브, NASP를 가다〉 사이시옷의 글로벌 스터디 #4 국립 사회적처방아카데미 인터뷰 https://brunch.co.kr/@joecool/178 (2024. 11. 17. 발행)

가장 보통의 외로움, 〈문화로 사회연대〉

　　문화체육관광부가 주최하고 (재)지역문화진흥원이 주관하는 〈문화로 사회연대〉 사업이 2년째 진행되고 있다. 〈문화로 사회연대〉는 2023년 5개 거점, 2024년 9개의 지역 거점센터(경북권역 포항문화재단, 수도권 총신대학교 산학협력단, 강원권역 춘천문화재단과 연세대학교 원주산학협력단, 충남권역 충남관광문화재단, 전북권역 군산문화재단, 전남권역 영암문화관광재단, 경남권역 경남문화예술진흥원, 김해문화관광재단)가 선정되어 지역별 외로움 예방 차원의 연결 구조를 만들고 있다.

　　〈문화로 사회연대〉는 누구나 느낄 수 있는 가장 일상적이고 보편적인 정서적 외로움을 주제로 삼는다. 혼자인 기분이 들거나 마음을 나눌 사람이 없다고 느낄 때, 이러한 외로운 감정을 스스럼없이 이야기하고 함께 나누자는 제안을 담고 있다.

　　9개의 지역 거점센터의 사업을 살피면, 포항문화재단은 무너진 지역사회의 일상 회복을 주제로 하는 문화안전망 사업에 꽤 오래전부터 집중했다. 특히 예술가, 기획자, 복지기관 담당자로 구성된 '연결자'를 중심으로 문화와 복지, 지역의 다양한 자원을 연결하고 있다. 총신대학교 산학협력단은 서울시 5개구 문화재단과 업무협약을 체결하고 4대 권역 심리지원센터와 협력 체계를 구축했다. 심리상담 서비스, '친한친구되기(친친)' 모임 운영, 마음 나눔 전문가 양성, 사회생활 지원 프로그램 등을 진행하였다. 춘천문화재단은 강원권 2개 문화재단과 1개 도시재생지원센터와 업무협약을 체결하고 맞춤형 처방 프로그램 〈마음을 잇-길〉, 외로움 인식 제고를 위한 공동 캠페인, 안녕포럼 등을 추진했고, 연세대학교 원주산학협력단은 '사회적 처방'에 주목하여 지역 어르신들을 위한 맞춤형 처방 프로그램 운영, 글로벌 교류 네트워크를 구축하고 있다. 충남문화관광재단은 사회적 연결척도 검사의 온라인 진단 서비스를 개발했고 충남권 3개 문화재단과 협력하여 지역의 다양한 주민들과 심리상담, 소셜다이닝, 도자 수업, 뜨개질 워크숍을 진행하였다. 군산문화재단은 약 석 달간 저녁시간에 전문 심리상담 서비스 〈심야마음돌봄〉을 운영하였고, 영암문화관광재단은 은퇴자, 고립 청년, 노년층을 대상으로 복지 및 정신 건강센터, 의료기관과 연계하여 문화를 통한 사회적 처방 프로그램 〈마음뜨개〉를 진행했다. 특히 도서 및 산간, 다른 지역민들과 편지 나누기, 일상 탈피 소풍, 서늘한 바람 아래 낮잠 즐기기, 힐링 수목원에서 함께 산책하기 등 다양한 마음 처방 프로그램을 기관과 협력하여 진행했다. 김해문화관광재단은 지역사회 문제 발굴 및 현안을 모색하고 대응하는 〈GIM HAEPPY〉 포럼을 개최하였으며, 경남문화예술진흥원은 '고립·은둔'에 주목하여 창원, 진주 등 거점 도시 중심으로 청년 대상 프로그램을 중점적으로 운영하였다. 동시에 '문화우물 두레 모임'과 연계하여 농어촌 노인 대상의 문화 돌봄 모델을 발굴했으며 전 과정에 청년, 청소년, 사회복지, 심리상담, 정신건강 의학 분야 전문가가 협력하였다.

연대의 새로운 꼴이 필요하다

　　현대 사회는 공허함과 외로움의 시대라고 한다. 현대인들은 공허함을 달래기 위해 끊임없이 루틴을 만들어 의미 있는 시간으로 채운다. 그러다가 외로워지면 커뮤니티를 찾는다. 커뮤니티에서는 만남의 밀도가 높지 않아도 된다. 만나는 순간, 즐겁고 진심이면 된다. 이렇듯 커뮤니티의 속성이 끈끈한 연대에서 느슨한 연대로 변화되고 있다. 최소한의 연결을 유지하며 '상냥한 타인'[4], '절묘한 거리감'[5], '완만한 유대'[6]의 관계를 원하는 추세이다.

　　따라서, 앞으로의 시대는 네트워크가 해법이 아닐 수 있다. 특히 서로를 돕는다는 역학관계를 완전히 배제할 수 없다면 관계에도 기울기가 생기기 때문이다. 단순히 연결의 양을 늘리는 것이 아니라, 외롭고 고립된 상황에서 서로가 활동 상대, 만남 상대, 이야기 상대가 된다는 것 자체가 중요하다. 즉, 존재로서 바라보는 관계, 각자의 방식으로 기여하는 관계가 필요하다. 연대의 새로운 꼴을 고민하는 일, 이젠 누구의 일이 아니라, 나의 일이다.

4　우주비행사 마이클 콜린스는 아폴로11호의 동료 세 사람을 '상냥한 타인들'이라고 표현했다. "꼭 필요한 정보만 공유하며, 개인적인 생각이나 감정은 나누지 않았다." - 제임스 R. 핸슨 〈퍼스트맨〉
5　日 시골 마을의 '최저 자살률' 비결, 이웃간 '절묘한 거리감'이었다 [방구석 도쿄통신] (2024.9.10. 조선일보)
6　日 시골 마을의 '최저 자살률' 비결, 이웃간 '절묘한 거리감'이었다 [방구석 도쿄통신] (2024.9.10. 조선일보)

삶의 테두리로서의 '지역'

최실비
『경기문화저널』 편집위원

소멸되지 않는 지역문화, 어떻게 가능한가?

'지방이양일괄법'이 시행되면서 지역분권화에 따른 지방이양으로 문체부에서 지원하던 많은 문화예술 분야 사업들이 지자체의 권한으로 편성되었다. 그러나 '지역개발' 논리에서 벗어난 문화예술 사업은 큰 폭으로 예산이 줄어들거나 사라지고 말았다. 이러한 상황에서 중앙정부는 지역 문화예술계에서 터져 나오는 우려와 불만의 목소리를 다른 방향으로 돌리기 위해 아주 다급하게 '지역다움'을 담론으로 내세우기 시작했다. 지역의 일은 지역이 가장 잘 알아야 한다는 논리로 '맞춤형' 성과를 내지 못하는 지역을 탓하기 바빴다. 또 지역에 사는 사람들은 몇 만 명, 몇 십만 명의 숫자, 즉 경제적 규모로서 존재하며, '생활인구'라는 이름을 붙여 몇 시간 머물다 간 사람까지 인구 수에 덧셈하기 시작했다. 실체가 없는 채로 끝도 없이 부풀려지는 담론과 숫자 속에서 얼마나 더 가까이 지역 주민들에게 문화예술을 제공했는가는 읍면동 단위에서 진행된 사업과 프로그램 숫자로 산출됐다. 이와 같은 맥락에서 '지역' 그리고 '생활권'이라는 단어가 정책 용어로 유행처럼 떠돌았다. 문장으로 풀이하면, 지역 고유의 특성을 반영하여 생활권 단위에서 문화예술(교육) 서비스를 제공하라는 것인데, 나는 여기에 몇 가지 의문이 있다. 첫째, 정책에서 사용하는 지역과 생활권은 그곳에 사는 사람들의 일상생활을 반영한 구분區分일까, 아니면 토지의 구획區劃일까. 둘째, 모든 지역에는 반드시 타 지역과 구별되는 고유한 특성이 존재(해야) 할까. 셋째, 시민은 공공의 서비스를 제공받는 수혜자여야만 하는 것일까.

지역은 행정적으로 구획된 범위가 아닌, 계속해서 그곳에서 살아가는 사람들에 의해 구성된다. 그렇기에 지역은 곧 생명체이며, 가장 중요한 자원은 다름 아닌 사람이다. 다행히도 이미 지역에서는 그곳에 사는 사람들을 위한, 사람들에 의한 섬세한 움직임들이 일어나고 있다. 오늘 이 자리에서는 성공한 문화예술 축제는 곧 관객 수에서 비롯된다는 논리와 문화예술을 공공 서비스의 관점에서 일률적으로 제공하던 관행에서 벗어나, 한 사람, 한 사람의 일상에 조금 다른 변화를 만들어 가고자 한 사례들을 소개해 보려 한다.

우리는 모두 시인으로 태어난다

평택시문화재단에서는 생태적 사유로 노을의 '도착'을 맞이하는 것 자체가 예술이 될 수 있지 않을까, 라는 질문에서부터 〈노올자 프로젝트〉를 기획했다. 그 중 '선셋이브'는 노을을 기다리고 맞이하는 시간을 시민들이 예술적 감각으로 느끼며, 자연 앞에서 감사한 마음으로 겸허히 시간을 보낼 수 있도록 운영했다. 감상은 개인의 것이되, 순간은 함께 나누는 것임을 상호간에 약속하는 '선셋이브 가이드'를 통해 작은 규칙도 두었다. 각자의 방식대로 자유롭게 그러나 고요하게 노을의 순간을 기다리는 것, 내 주변의 모든 생명에 대한 존중을 담아 일회용품을 사용하지 않는 것, 쓰레기를 줄이기 위해 음식을 나누지 않는 것을 약속했다. 그리고 조금 불편한 상황을 우리 함께 이해해보자고, 변함없이 찾아오지만 잊어버리고 있었던 노을을 맞이하는 그 순간에 집중해 보자고 제안했다. 평택시문화재단은 노을을 기다리는 것에서부터 시작해 맞닥뜨렸을 때의 그 '경이로움', 기쁨과 두려움의 감정이 동시에 몰아치는 그 순간의 비현실적 감각, 즉 일상의 비일상화에 집중했다. 경이에서 비롯된 작은 존재로서의 나에 대한 자각을 통해 주변에 존재하는 것에 대한 겸손과 경외심을 느낄 수 있도록 말이다.

 예술의 가치가 변하며 예술작품으로 부를 수 있는 대상이 확대됐다. 이제까지 주목을 받지 못했던 일상의 것들이 예술작품으로 귀한 대접을 받게 된 사례들이 늘어나고 있다. 예술적 가치를 부여받는 대상의 범위가 확장되면서, 그리고 가치를 부여하는 주체 또한 예술가에 한정 짓지 않게 됨으로써 예술적 가치가 있는 것과 그것을 향유하는 자의 관계 방식 또한 다양해지기 시작[1]했다. 과거에 예술을 즐기는 방식이 주로 전시장, 공연장을 통한 소극적 형태로 이루어졌다면, 이제는 우리 삶의 모든 장면에 예술이 관계될 수 있는 적극적 형태로 변했다. 또, 예술을 둘러싼 사람들의 역할이 변화했다. 우리는 이제 더 이상 예술을 창작하는 사람이 고도의 훈련을 통해 숙련된 예술가여야만 한다는 것에 동의하지 않는다. 이러한 변화 속에서 예술가들 또한 창작활동 이외에도 매개자나 촉진자로서의 새로운 역할을 부여받게 되며 예술을 둘러싼 사람들의 역할이 뒤섞이게 되었다.

 고영직 문학평론가는 "나풀거리는 일상에서 찬란한 것들을

---

1 박재홍·권선영, 「문화예술교육의 질적 성장을 위한 지역문화정책의 방향성 및 과제」, 『한국무용과학회지』 제37권 제2호, 2020, p.52.

발견할 줄 아는 경이로움의 감각을 우리 모두 회복하자. 우리는 모두 시인(예술가)으로 태어난다."(경향신문)고 말한다. 평택시문화재단의 '선셋노을'은 기존의 '행사'와는 사뭇 다르다. 공급자 중심의 일방향적 예술 프로그램에서 벗어나 설명하지 않으며 참여자의 감각에 오롯이 집중한다. 이는 우리가 이미 예술가로 태어났음을 존중하는 태도와 연결되어 있다.

그곳의 사람들에 의한, 사람들을 위한

김포문화재단에서는 중앙에서 만든 정책을 지역이 실행하는 구조에서 벗어나 지역에서 스스로 필요한 것을 찾고 정책화를 하자는 목적에서 〈2024 김포 지역 중심 문화예술교육〉을 진행했다. 정책적 지시에 따르는 지역이 아니라, 지역이라는 '좁혀진' 영역 안에서 행정과 현장이 함께 의제를 찾고 정책을 만들어가는 이른바 상향식 정책 의사결정 과정을 만들어가자는 것이다. 김포문화재단은 그러한 관점에서 우선 문화예술교육의 테두리를 우리가 직접 결정해 보자며 '김포 문화예술 흠뻑쇼'를 운영했다. 설명하기 어려운 것들, 설명되지 않는 것들을 위해 말과 글을 넘어서 몸과 행위의 시간을 통해 문화예술교육이 무엇인지, 무엇이어야 하는지 함께 탐색했다. 맨바닥에 날계란을 하염없이 세워보기도 하고, 연기처럼 몸을 이리저리 움직여보기도 하며, 책의 한 구절을 들으며 목적 없이 나무를 깎아보기도 했다. 모르는 누군가와 실과 바늘을 주고받으며 단어를 완성해보기도 하고, 단순하기도 하지만 복잡하고 알 수 없는 여러 행위로 문화예술교육을 경험해보았다. 이와 더불어 지역 생태계를 이루는 사람, 주체, 환경 등 여러 관계들을 존중하며 그 사이사이의 입장과 시선이 교차하는 지점에서 문화와 예술 그리고 교육이 일어난다고 보고 '동료 찾기 캠프'를 운영했다. 캠프를 통해 우리가 기대하는 동료는 정말 무엇인지 그 개념과 범위를 살펴보고 동료가 주는 의미, 필요성, 유익성을 살피며 '나는 정말 좋은 동료일까'를 고민하며 타인의 이야기를 들어보는 자리가 마련됐다. 지역이라는 생태계에서 나란히 걸어갈 동료를 발견하기 위한 프로젝트로서, 알맞음과 다름 사이에서 최적의 협력을 만들어 보고자 했다.

한편, 공공[2]에서 시민들에게 프로그램을 '제공'할 때, 매우 시혜적인 태도를 취하는 경우가 많다. 참여자를 수혜의 대상으로 앉아서 경청하는 역할로 한정지은 채 프로그램을 운영한다. 수요조사는 어떤 장르를 배우고 싶은지 묻는 정도로 진행된다. 동시에 시민 역시 공공성을 국가가 개인에게 주는 일방향적 혜택으로 이해한다. 이는 결국 우리의 삶을 이루는 것들의 소유 주체가 국가라는 것과도 같다. 우리는 도시[3]의 주인이 시민이라는 자각을 놓쳐서는 안 된다. 이 세상을 이루는 것들은 오롯이 (국가를 포함한)누군가의 소유가 될 수 없다. 나와 당신은, 필요한 것을 스스로 만들어

---

2 사전적 의미로는 "국가나 사회의 구성원에게 두루 관계되는 것"을 의미하지만, 이 글에서는 지엽적 관점에서 공공에서 제공하는 시설, 재원, 사업을 포괄하는 서비스를 의미한다.
3 이 글에서 '도시'는 농촌과 대비되는 용어로서의 정의가 아닌, 자본주의적 사고방식이 팽배한 현대사회를 포괄적으로 지칭하는 용어로 사용한다.

가는 주체가 되어야 한다. 그러기 위해서는 공공에서부터 소유한 자원을 '배급'한다는 입장에서 벗어나야 한다. 공공은 시민을 위해 존재하며, 동시에 시민은 스스로가 필요한 것을 만들어 가는 주체다. 김포문화재단은 길에서 만난 장소와 사람들에게 힌트를 얻어 '김포 다운' 문화예술교육을 찾아나간다. '힘빼고-보태기+힘 나누고÷키우기×힘=관찰력, 협력, 통찰력, 체력, 예지력, 초능력…'이라는 사칙연산이 곧 '우리 지역의 문화예술교육'이라고 정의한다. 지역 생태계는 사람과 사람이 만나 동료가 될 때 튼튼해진다며 사람과 사람의 시선이 관계하고 교차하는 지점을 강조한다. 즉, 공공과 개인이, 나와 당신이 서로에게 '관계자'가 되어 보자는 것이다.

이처럼 지역에서는 이미 문화예술교육을 공공 서비스 관점에서 벗어나 한 사람, 한 사람에서 비롯된 흥미로운 일들이 벌어지고 있다. 지역은 통치의 수단, 돈을 벌어오는 수단, 사회문제를 해결하는 수단이 아니다. 그러므로 정책은 한 사람, 한 사람의 삶을 응원하고 지원하는 역할을 해야 한다. 말 뿐인 '지역 중심'이 아니라 그 곳에서 살아가는 사람들에 의한, 사람들을 위한 일들이 잔뜩 일어나길 바란다.

서로가 서로를 돌보는 지역문화 생태계는 가능하다

이동준
이천문화원 사무국장

소멸되지 않는 지역문화, 어떻게 가능한가?

앵산동에서 일어난 음식에 대한 반란

1897년 해월 최시형이 이천 설성의 앵산동에 피신해 있을 때다. 우리는 제사상을 차릴 때 벽 쪽에 신위를 두고 음식을 차린다. 그쪽에 신이 내리기 때문이다. 벽을 향해 제사를 차리는 향벽설위다. 그런데 해월신사는 이 제사상을 거꾸로 돌려놓으라고 했다. 그리고 거기에 절하라고 했다. '향아설위向我設位'다. 바로 '나'를 향해 절하라는 것이다. 조상님께 절하지 말고 내 안에 모신 한울님께 절하라는 것이다. 과거의 제사는 죽은 사람, 귀신이 중심이었다. 향아설위 제사는 살아있는 사람, 나와 후손을 중심에 둔다. 제사에 대한 인식이 바뀌고 제사의 주체가 바뀌고 제사상의 방향이 바뀌었다. 천지가 개벽할 제사 예법의 '전환'이다. 이제는 나약하고 힘없는 백성이라고 깔보지 말아라. 다 한울님을 그 안에 모시고 계시다.

여기서 하나 더! 힘없는 백성이 여기서 우쭐대며 제사상을 받으려는 순간 그도 귀신이 그랬던 것처럼 내쫓김을 당할 처지가 되고 만다. 왜냐고? 제 안에 한울님을 모셨다는 것은 제 안에 음식물로 들어온 한울님을 모셨다는 말이기 때문이다. 나를 위해 죽임을 당하고 자기 생명을 음식으로 내어놓은 그 생명의 희생을 통해 나의 생명을 이어가게 되었기 때문이다. 과거엔 밖에서 한울님을 찾았다. 그런데 한울님은 내 안에 계시다. 제사음식을 먹는 순간 나는 그 사실을 온몸으로 절감한다. 여기 지금 제사상에 희생제물로, 음식으로 올라온 뭇 생명들을 내 안에 모셔들이는 행위이기 때문이다. 우리가 이제껏 '소화작용'이라고 불렀던 바로 그 일이다.

음식을 먹기 전에 음식을 모셔라

해월 최시형은 '삼경三敬'을 이야기했다. 하늘을 모시고, 사람을 모시며, 사물을 모시라는 말이다. 하늘을 모시기는 쉽다. 높기 때문이다. 나보다 높은 사람을 모시기도 쉽다. 하지만 나보다 낮은 사람을 모시기는 어렵다. 그럼 사물을 모시는 일은 어떤가? 어렵다. 어렵고 어려운 일이다. 왜 그런가? 내게 복속된 존재이기 때문이다. 그것은 나의 소유물, 내가 마음대로 할 수 있는 물건, 내가 어떤 짓을 해도 문제가 되지 않는 나의 영토 안으로 들어온 것이기 때문이다. 그래서 불편한 말이다. 그런데 해월은 사물을 모시라고 한다. 참 이상도 하지. 사람들은 그것을 물건이 아니라 사물이라 부르면서 왜 '섬길' 사事자를 붙이고 있는가? 물은 생명의 근원이요 포대이기 때문이다. 대상이 아니라 살아 있는 생명공동체로 이어져 있기 때문이다.

사물을 내 안에 모시는 일, 내 안으로 받아들이는 일. 우리는 이 사물을 '음식'이라고 부르고 이 일을 '요리', '식사' 또는 '소화'라고 부른다. 하지만 이 사물이 음식으로 내 앞에 놓이기 전에는 하나의 '생명'이었다. 식사와 소화는 내 밖에 있는 생명을 내 안으로 모시는 일이다. 한마디로 '먹는 일'이다. '먹음'을 통해 우리는 우리의 생명을 유지한다. 그래서 우리는 먹기 전에 먹히는 생명에 대한 예의를 갖춰야 한다. 우리에게 자신을 음식으로, 식량으로 내어준 생명에 대한 '감사'와 그 생명의 죽음에 대한 '애도'가 필요한 이유다. 그래서 먹는 행위는 거룩하다. 희생이 치러지는 종교적 제의의 과정이 그 속에 녹아 있기 때문이다. 너를 내 안에, 나를 너에게 의탁하는 일 - 그것이 사물을 모시라는 말의 의미다.

누군가를 먹는 일은 근원적인 죄요, 희생이다

'이천식천以天食天'은 밖의 생명을 내 안으로 '모셔들이는 일'이다. 그것은 '먹는 일'이다. 이천식천은 나를 밖의 생명에게 '내어주는 일'이기도 하다. 그것은 '먹히는 일'이다. 하지만 거기에는 속죄와 용서, 애도와 감사의 과정이 있어야 한다. 왜냐하면 거기에는 일방적인 폭력과 희생이 먼저 일어나기 때문이다. 그 어떤 먹는 자도 먹히는 자의 의사를 묻거나 동의를 얻지 않은 채 먹는 일을 저지른다. 그런 이유로 모든 생명의 먹는 행위는 근본적으로 그의 '죄성'을 전제로 한다. 그렇다면 먹고 먹히는 가혹한 세상에서 생명윤리는 어떻게 가능할까? 한울의 중재가 없으면 만물의 생명윤리는 세워질 수 없다. 서로가 서로를 잡아먹는 일은 그것이 만물을 키우는 일이 되기에 허락되는 것이다.

그러나 인간은 선을 넘어간다. 생명 유지에 아무런 지장이 없어도 인간은 수많은 생명을 죽인다. 오늘 획득한 먹잇감에 만족하지 못하고 여분의 식량을 저장하고 비축하기 위해 끊임없이 생명을 죽음으로 동원하고 타자화시킨다. 제비의 알을 깨뜨리지 않아도, 초목의 싹을 뽑지 않아도, 꽃가지를 꺾지 않아도 우리의 생명 유지에는 아무런 지장이 없다. 하지만 인간은 자신의 생명 유지 말고도 다른 생명을 해쳐야 할 이기적인 이유를 수없이 만들어왔다. 내일 나의 생명을 유지하려면 오늘 생명을 식량으로 미리 확보해야 안심할 수 있다. 누군가 내가 획득한 먹잇감을 호시탐탐 노리며 빼앗기 전에 내가 먼저 그를 죽여야 하는 것이다. 누군가 나를 죽일지 모른다는 카인의 불안심리가 여기서 기원한다.

누구든지 너를 해치면 그는 그 벌을 일곱 배나 받을 것이다. 누구든지 먼저 생명을 해쳐서는 안 된다. 그에게는 끔찍한 벌이 기다리고 있기 때문이다. 그렇다고 마냥 기다릴 수만은 없다. 살려면 누군가의 생명을 먹잇감으로 먹어야 하기 때문이다. 유일한 해결책은 한울님이 먼저 자기 자신을 먹잇감으로 내어놓아야 한다. 그 어떤 생명도 자신의 생명을 자발적으로 내어놓지 않기 때문이다. 그래서 '먹히는 일'의 진상은 바로 나를 '먹게 하는 일'임이 드러난다. 바로 한울의 '희생'이다. 다음에는 한울이 뭇 생명에게 자기 자신을 끊임없이 먹여야 한다. 모든 생명은 살기 위해 계속해서 먹잇감으로 누군가의 희생을 필요로 하기 때문이다. 바로 한울의 '돌봄'이다. 한울의 중재는 먹이고, 기르고, 돌보는 일이다. 이천식천은 그래서 한울이 한울을 '먹이는 일'로 귀결된다. 해월의 양천주養天主는 모든 종류의 죽임에 반대해서 만물을 먹이고 기르고 살리는 일이다.

음식은 원래 제물이요, 식사는 제사 행위였다

모든 음식은 원래 '생명'이었다. 먹이가 되고 고기가 되기

전에 이들 생명은 누군가의 아들, 누군가의 딸, 누군가의 형제, 누군가의 친척이었다. 그래서 음식을 먹기 전에 우리는 먼저 눈을 감아야 한다. 하나밖에 없는 생명을 내어준 그 이름 없는 생명들을 애도해야 하며 이 생명을 먹음으로 나의 생명을 이어갈 수 있게 되었음을 감사해야 한다. 그것이 천도교에서 '식고食告'를, 많은 종교들에서 '식사기도'를 하는 이유일 것이다. 그러나 우리가 보게 되는 현실은 끔찍스럽다. 우리는 미슐랭 가이드를 따라 파인 다이닝을 찾아다니며 후기와 평점을 달고 집요하게 맛을 탐닉하면서 몇 시간이고 긴 줄을 서는 게 전혀 아깝지 않다.

　'요리'는 인류가 생명을 음식으로 다루는 방식이다. '먹방'은 오직 맛과 즐김이라는 목적을 위해 우리가 생명을 얼마나 물건으로 전락시켰는지 보여준다. 거기에는 생명도, 생명을 존귀히 여기는 태도도 사라지고 오직 맛과 식욕을 대상으로 전락한 '식재료'가 놓여있을 뿐이다. 과거에 생명은 제단 위에서 희생제물로, 신성한 존재로 여겨졌었다. 하지만 생명은 이제 음식이 되기 위해 도마 위에 놓이고, 뜨거운 물, 육수, 갖은 양념과 향신료가 얹어지는 과정을 거쳐야 한다. 온갖 레시피로 우리는 생명을 벗기며 토막내며 다지며 구우며 익히며 튀기며 쪄낸다. 생명은 대량생산 공정에 투입되는 식재료일뿐… 이것은 온 우주 생명의 법정에서 바라보면 공포스런 홀로코스트다.

성육신은 성만찬이다,
이 잔치상은 누구를 초대하는가?

　　성육신은 말씀이 육신이 된 사건이다. 창조주인 신이 자신을 피조 세계에 던진 사건이며 신이 자신을 생명의 빵으로 내놓은 사건이다. 신이 인간에게 먹히셨다. 신은 자신을 생명의 빵으로 내놓으셨고 그럼으로써 인간에게 자신을 먹게 하셨다. 먹히는 일과 먹게 하는 일은 둘 다 자기희생을 그 본질로 한다. 자기희생이란 결국 먹이는 일로 귀착된다. 누군가를 '먹이는 일', 다시 말해 '낳고 기르는 일'이다. 신이 인간과 세상을 낳으셨고 세상을 먹이고 기르기 위해 자기 자신을 기꺼이 빵으로 내놓으셨다. 삼경三敬의 본을 먼저 보여주신 것이다. 그런데 여기서 '경敬'이란 '모시는 일'이기도 하고 '존중히 여겨 섬긴다'는 의미를 함축하기도 한다.

　　사람들이 떠나가고 없는, 지역소멸로 낙인찍힌 지역들이 있다. 그래도 드문드문 찾아오는 나그네와 손님들에게 격려를! 그리고 그 장소에 끝까지 남아있는 이름없는 주민들에게 박수를! 마태복음 5장의 산상설교는 누가 천국을 차지하게 되는지, 그 주인공들에 대한 천상의 환대가 어떠한지 우리에게 보여준다. 우는 자에게 박수를! 가난하고 애통하는 자에게 위로를! 참 이상한 일이다. 세상에서는 승리자에게 환호와 갈채를 보내고 면류관을 씌우는데 여기서는 그 반대에 있는 사람들이 호명되고 그들에게 상을 주니 말이다. '환대Hospitality'의 영성은 이렇게 전혀 다른 눈으로 역사의 이름 없던 주인공들을 바라본다.

천국은 어떤 곳인가? 누가 정말 천국을 차지하고 그 복을 누릴 자격이 있는가? 가이사가 움켜진 권력을 내려놓고 가장 약한 자의 통치를 받아들이는 세상, 절대 불가능할 것 같은 일이 그곳에서는 일어난다. 사자가 어린아이에게 끌리는 새로운 세상이다. 환대는 이렇게 낯선 이방인을, 나그네를 맞아들이는 일이다. 그것을 동학적으로 말하면 '모신다', '모셔들인다'는 말로 표현할 수 있을 것이다. 그게 과연 가능한 일일까? 내가 편히 안락을 누리는 내 처소를 비우고 기꺼이 그 처소를 나그네에게 내어주는 일이 말이다.

유산을 독점해선 안 된다
창고를 열어야 한다

문화원은 그동안 황무지 같은 지역에 문화의 씨를 뿌려온 선구자였다. 어떻게 지켜온 지역이고 어떻게 가꿔온 지역문화인가? 그런데 지금 그 창고를 열라고 한다. 문화원은 창고를 지키는 사람이었을 뿐 창고의 주인은 아니라는 인식이다. '아끼다 똥 된다'는 말이 있다. 너무 아끼다 쓸모없게 된다는 뜻. 그러니 문화원들이여, 적절한 때 창고를 여는 게 현명하지 않을까? 아낌없이 내놓으시라. 군말이 필요없다. 그것도 친절하게 잘 애용할 수 있게 판을 차려놓고 제대로 초대하시라는 말씀이다. 누구를? 바로 지역의 주민이다. 우리가 죽쒀서 별 수 없이 준다고 생각했던 그 이류 등급이시다. 누가 주인인지 알아보시겠는가?

문화원은 그동안 형식 없는 내용만 붙들고 있었다. 그래서 맹목적이었다. 공허하게 벽을 향해 절하고만 있었다. 시민이 없는 벽 쪽은 공허하기만 하다. 지금 문화원은 어느 쪽을 바라보고 있는가? 2023년 5월, 국가유산기본법이 제정되었다. '문화재'라는 용어는 이제 사라지고 없다. 개념이 180도 달라졌다. 과거의 유물은 '문화재Property'였다. 어디까지나 과거 중심이고 물건이 중심이다. 미래의 유물은 '유산Heritage'이라 부르는 게 좋겠다. 이것도 커다란 개념 전환이다. 미래 중심이고 후대에 물려주는 것이고 삶의 경험과 양식을 담아내는 것이 핵심이다.

학산마당극놀래, '문화공동체예술'의 근거지로서의 마을축제와의 '이별'과 그 이후

박성희
인천 미추홀구 학산문화원 사무국장

소멸되지 않는 지역문화, 어떻게 가능한가?

2014년 남구학산문화원(현 미추홀학산문화원)은 지방자치시대 파편화되고 단절된 지역문화의 공동체 회복과 문화 시민력 향상을 위한 지역문화공동체만들기의 일환으로 마당예술학교를 열고, 학산마당극놀래 프로젝트를 추진하였다. 2014년에 시작된 학산마당극놀래는 올해 열한 돌을 맞이하였고, 그 사이 170여 편의 시민마당극이 무대에 올려졌고, 창작활동에 참여한 주민들은 1,800여 명에 이른다.
　　2014년 마당예술학교에서는 시민마당극 추진위원회를 꾸려 지자체에 21개 동 주민센터에 마당예술동아리(시민마당극팀)를 만들어 상설화하고, 21개 동 마을마당극을 모아 경연마당을 벌이는 학산마당극놀래를 문화 정책으로 추진할 것을 여러 차례 제안했다. 우여곡절 끝에 당시 남구(현 미추홀구) 자치단체장의 적극적인 지원과 도움으로 21개 동 주민자치회와 주민자치협의회를 찾아갈 수 있는 길을 확보했다. 학산문화원에서는 각 동을 수십 차례 방문하면서 학산마당극 프로젝트를 제안하고 설득하여 21개 동 별 마당예술동아리를 몇 개의 산을 넘으면서 어렵게 조직하였다. 그리고 동시에 이 취지에 공감하는 마당예술강사를 모집하여 (일정의 역량강화 교육을 마치면) 각 동 마당예술동아리에서 마을마당극을 만드는 길라잡이로 마당강사를 파견하였다.
　　학산마당극놀래가 지향하는 시민마당극은 ①참여의 면에서 시민들이 참여하여 스스로 주인공이 되는 문화예술활동이고, ②주체의 면은 시민들이 창작의 주체로 직접 참여하는 것이다. 주민들이 소재를 정하고 대본을 같이 쓰고 연습을 거쳐 공연발표에 이르기까지 단순 향유자가 아닌 창작자로서 활동한다. 이 때 마당 강사는 주민들의 창작활동의 길을 열어주고 막히는 곳은 풀어주고 부족한 면을 강화시켜주는 길라잡이 역할이다. ③형식의 면에서는 마당에서 음악, 춤, 노래, 풍물, 연극, 영상 등 다양한 예술 장르를 융합한 통합적 문화예술활동이다. ④그리고 소재의 면에서는 이야기주권을 회복하는 활동이다. 주민공동의 문제나 마을의 역사 또는 나와 이웃의 보편적인 삶의 이야기를 소재로 다룸으로써, 내가 발을 딛고 사는 지역과 우리의 보편적 일상을 문화예술로 발화시키는 활동이다.

이런 학산마당극놀래의 시민마당극 지향점은 주민공동창작방법론에서도 확인할 수 있다.

이야기 뼈대 만들기
(공동체 지향의 의사결정 과정의 민주주의 훈련)
주민들이 마당극의 주제나 소재를 정하고 이야기의 뼈대를 잡을 때 '다수결에 따르거나 소수자의 의견 배려'보다는 '가능한 더 가치 있는 높은 수준의 합의'를 이끌어낸다.

주관 자아, 객관 자아의 역할놀이를 통한 장면구성
이야기 뼈대가 잡히고 작품의 흐름과 맥락에 대한 이해가 전제되면, 역할놀이로 장면구성을 진행한다. 장면구성은 강사나 특정 멤버 누군가가 미리 작성하는 것이 아니라 주관 자아, 객관 자아를 경험하는 즉흥 역할놀이와 토론을 통해 장면을 구성하고 대본을 완성한다. 대사는 외우지 않고 주제어와 상황으로 기억하면서 즉흥 대사를 통해 집단적 상상력을 고양시킨다.

극놀이를 통한 마당구성
역할놀이로 짠 장면들을 이어서 하나의 마당으로 구성하고 이어 보고 수정 보완하면서 전체 이야기 구성을 곧추세우는 내재적 논리를 마련한다.

시민마당극은 앞서 말한 네 가지 측면의 지향성과 주민창작방법론을 중심으로, 각 동을 근거지로 마을축제와 결합하면서 2014년부터 2016년까지 21개 동 마을릴레이축제를 지향했던 주안미디어문화축제와 결합해서 각 동 마을축제에서 공연 발표를 하고, 마을릴레이축제가 끝나는 마지막 날에 21개 동 시민마당극 경연대회인 학산마당극놀래를 개최하였다. 학산마당극놀래는 시민창작예술축제이면서 동시에 지역문화공동체축제로서의 모델링을 세우는 작은 단초들을 하나 둘 쌓아가고 있었다.

마당극의 소재는 지역 화두(원도심재개발, 노인인구 증가, 쓰레기처리 등), 소외와 편견(아파트와 원도심 주택가의 갈등, 이주민, 장애인, 공공과 민간 등), 지역 역사(숭의동 109번지, 골목길의 추억, 문학산의 전설 등), 세대 고민과 갈등(치매, 학군, 청소년의 방황 등)처럼 이야기를 만든 사람이나 보는 사람 모두가 직간접으로 체험하고 알고 있는 일상의 이야기를 지역 이야기를 친근했던 이웃이나 가족이 무대 위에 올라 자신들의 언어와 몸짓으로 풀어내는 모습을 보면서 관객들은 본인도 그 공연의 오롯한 일부가 되는 경험을 했다.

개인의 취미나 교양을 위한 생활동아리는 배타적인 사적 공간으로 머물게 됨으로써 지역사회의 변화에 일조하거나 공동체를 일구는 기능을 수행하기 어렵지만, 각 개인이 공공성을 담지하는 시민마당극과 같은 활동은 개인의 정체성을 함양하고 예술적 기량을 확보하면서도 시민사회의 일원으로 기여하고 성장할 수 있는 길을 열어두는 활동이라 할 수 있다.

물론 초기 탑다운 방식의 조직과 관변단체 위주의 주민 참여 방식에 대한 비판도 많았고, 주민들이 사회적·비판적 소재에 대한 거부감과 자기 검열로 마을 미담 같은 홍보용 작품을 선호하거나 의사결정과 창작에 대한 경험과 훈련 부족으로 이미 완성된 대본을 요청하는 등 학산마당극놀래가 추구하고자 했던 방향과 서로 어긋나기도 하고 한참을 돌아가기도 했지만 1년이 지나고, 2년이 지나 3년을 맞이할 즈음에는 21개 동을 움직이는 시민마당극의 힘이 조금씩 수면 위로 올라오면서 주민들 사이에 회자가 되기 시작했다.

그러나 안타깝게도 지자체, 주민자치회, 구의회 및 지역 문화기획자들 사이의 갈등과 이해관계 등 여러 변수가 겹쳐 주민과의 소통을 모토로 삼았던 주안미디어축제의 방향이 좌초되면서 마을마당극 또한 '문화공동체예술'의 근거지로서의 마을축제와 '이별'함으로써 그 동력을 상당히 상실하게 되었다.

2017년 이후 학산마당극놀래는 청소년복지관, 다문화가족센터. 시각장애인복지관, 아파트 공동체 등 중간조직이나 자발적 연극 동아리 등으로 그 기반을 전환하여 지속적인 활동을 하고 있지만, 마을 기반 지역공동체문화를 만들어 가고자 했던 애초의 방향이 흔들리고 학산마당극놀래의 예산 지원이 대폭 삭감되면서 현재는 제2의 전환을 준비해야 하는 시점에 와 있다. 그 사이 문화원 담당자들이나 마당예술강사들도 주어진 프로젝트를 큰 문제없이 해내는 매너리즘에 빠지기도 하고, 시민마당극에 7~8년 넘게 참여한 동아리들의 문화 시민력이 답보되는 문제가 발생하기도 했다.

학산마당극놀래는 하는 이와 보는 이의 경계없이 더불어 참여하고 어우러지던 '마당'을 모토로 주민이 창작의 주체가 되고 문화의 생산과 소비가 선순환되는 문화예술생태계를 지역공동체로부터 만들어가는 일을 목표로 한다. 가족과 청소년들이 변화되고, 마을이 변하여, 문화를 통해 미래의 꿈을 그리는 그러한 삶의 터전이 되기를 바라며 그 마중물이 되기를 바랐던 염원이 중단되지 않고 지속이 될 수 있는 힘과 에너지가 무엇보다도 필요한 시기이다.

대담
2024 지역문화 정책 콜로키움
'소멸하지 않는다'

정리
김명수
경기도문화원연합회 연구원

2024 지역문화 정책 콜로키움 〈소멸하지 않는다〉 포스터

소멸되지 않는 지역문화, 어떻게 가능한가?

지역문화는 소멸하지 않는다

소멸되지 않는 지역문화, 어떻게 가능한가?

들어가며

    2024 지역문화 콜로키움 〈지역은 소멸하지 않는다〉는 지역문화의 현재와 미래를 고민하고, 지역문화정책이 나아가야 할 방향을 함께 모색하기 위해 마련된 자리다. 다양한 배경을 가진 전문가와 현장 활동가들이 모여, 지역 고유의 정체성을 어떻게 현재와 연결하고, 미래로 이어갈 것인지에 대해 깊이 있는 이야기를 나누었다.

    대담에서는 과거의 전통과 현재의 트렌드, 그리고 앞으로의 문화적 전망까지 폭넓은 주제를 다루었다. 사회적 변화, 특히 1인 가구 증가와 같은 트렌드가 지역문화에 미치는 영향을 논의하며, 이를 반영한 정책적 접근이 필요하다는 공감대가 형성되었다. 청년 문화기획자 지원 사업, 공공과 민간의 협력 사례, 문화자치사업 등 다양한 실천 사례들이 소개되었으며, 지역의 특성과 정체성을 살리는 창의적인 아이디어들이 공유되었다.

    참여자들은 지역문화 활성화를 위해 무엇보다도 문화적 역량 강화와 문화 시민력 배양의 중요성을 강조했다. 또한, 지역 인문학의 가치를 재조명하며, 이를 통해 지역 고유의 특성과 다양성을 존중하는 정책적 접근이 필요하다는 점을 논의했다. 모든 논의는 지역문화가 단순히 소비의 대상이 아닌, 사람들과 연결되고 지속가능한 문화 생태계를 구축하는 중요한 매개체가 되어야 한다는 인식에서 출발했다.

    이 녹취록은 대담에서 오간 깊이 있는 대화를 충실히 담아내고, 각 발언자의 통찰을 바탕으로 지역문화에 대한 새로운 시각과 영감을 제공한다. 앞으로 지역문화와 관련된 논의와 실천에 유용한 자료로 활용될 뿐만 아니라, 더 나아가 지역문화의 미래를 함께 만들어가는 밑거름이 되기를 기대한다.

사회자

이제 시간이 되었습니다. 아까 말씀드린 것처럼, 저희가 준비한 세 가지 질문을 중심으로 2025년 지역문화정책의 방향에 대해 논의해 보려고 합니다. 특히 2025년 이후 지역문화의 주요 트렌드가 무엇일지에 대한 힌트를 제시해 주시면 좋겠습니다. 또한, 지역 현장에서 어떤 역할을 해야 할지에 대한 아이디어를 나눠주시면, 이를 정책에 반영할 수 있는 기초 자료로 삼고자 합니다.

현장에서 밀도 높은 논의가 이루어지고 있는 만큼, 내년도 지역문화의 방향성에 대해 예상되는 부분이 있다면 말씀해 주시면 감사하겠습니다. 고영직 선생님, 염신규 선생님, 그리고 백용성 선생님께서 중심이 되어 한 말씀씩 해주시면 좋겠습니다. 그럼 먼저 시작해 보겠습니다.

고영직 『경기문화저널』 편집위원장, 문학평론가

제가 미래를 정확히 내다볼 수 있는 안목은 부족하지만, 결국 중요한 것은 협력과 연대라고 생각합니다. 이를 문화자치의 관점으로 표현하자면 '관계의 평상'을 회복하는 일이라고 할 수 있습니다. 그런데 이 평상이 무너진 상황에서, 지역 내 거버넌스를 어떻게 복원할 것인가가 핵심 과제입니다. 이는 중앙정부와 지역 간의 관계뿐만 아니라, 지역 내에서도 문화재단, 문화원, 예술가, 예술교육가들 간의 관계를 어떻게 회복할지에 대한 문제로 연결됩니다.

아까 이초영 선생님께서 언급하신 영국의 링크 워커*Link worker* 개념을 떠올려보면, 제 식으로 표현하자면 일종의 '문화삐

끼'라고 할 수 있을 것 같습니다. 지역에서 사람들을 연결하고 키우며 존중하는 역할을 한다고 볼 수 있습니다. 문화의 본질은 '축적'에 있는데, 요즘 모든 것이 콘텐츠와 관광 중심으로 전환되고, 문화재단 또한 문화관광재단으로 변모하는 흐름은 위험한 조짐을 보이고 있습니다. 물론 이러한 전환 자체가 필요 없다는 것은 아니지만, 지역의 문제를 지역 스스로 발굴하고 이를 의제로 삼으려면 협력 체계가 가장 중요하다고 생각합니다.

결국, 사람들이 모여 내가 발 딛고 사는 땅의 문제를 고민하고, 이를 우리의 삶에 밀착된 문화정책으로 전환하기 위한 노력이 필요합니다. 이러한 고민과 노력이야말로 앞으로 우리가 집중해야 할 가장 중요한 과제일 것입니다.

거버넌스의 본질은, 쉽게 말하자면, 내가 사는 지역 곳곳에 어떻게 관계와 협력의 기반을 놓을 것인가에 대한 고민이라고 생각합니다. 예산을 확보하거나 새로운 정책을 만드는 논의 역시 결국 이 지점에서 출발해야 한다고 봅니다.

결국, 완전히 새로운 것을 만들어내자는 이야기가 아닙니다. 오히려 한때 존재했지만 사라지거나 실종된 것들을 다시 회복하고, 이를 중심으로 초점을 다시 맞출 필요가 있다는 점을 강조하고 싶습니다.

사회자

네 잘들었습니다. 염신규 선생님께 한번 여쭈어 보겠습니다. 발제 수준으로 말씀하시지 마시고 한국 문화정책 연구를 하셨으니까 얼마나 정책에 대해서 잘 아시겠습니까? 2025년도 어떻게 될까요?

염신규 (사)한국문화정책연구소 소장

    진행을 맡으신 최영주 선생님께서는 다소 죄송한 말씀일 수도 있겠지만, 저는 이미 제도와 정책으로 나올 만한 것들은 다 나왔다고 생각합니다. 따라서 이제는 패러다임 자체를 바꿔야 할 시점이라고 보고, 앞으로 나아가야 할 방향이 아니라 반드시 가야 할 방향에 대해 이야기하고 싶습니다. 이와 관련하여 세 가지 정도 말씀드리고자 하는데, 발제 시간은 잘 지켰으니 조금만 더 말씀드리겠습니다.
    먼저, 관계와 관련하여 이초영 선생님께서 많은 이야기를 해주셨습니다. 저는 여기서 '단계적 만유인력'에 대한 신뢰를 회복해야 한다고 생각합니다. 파주라는 지역에 들어가면서 제가 강하게 느꼈던 부분이 바로 이 점입니다. 생각보다도 사람들 간의 관계가 굉장히 강한 연결고리를 가지고 있더군요.
    제가 중간에 핸드폰을 몇 번 봤던 이유는 파주에서 여러 단체에 속해 있다 보니 연말 송년회 관련 문자가 연이어 오더군요. 어디로 올 수 있냐 없냐는 문자가 계속 와서 그렇게 됐습니다. 제가 처음에 파주라는 지역사회와 접촉했을 때 사실 저는 전형적인 서울 도시 사람으로서 공동체성과는 다소 거리가 먼, 샤이하고 가벼운 관계를 맺는데 익숙한 사람이었습니다. 그런데 이곳에서 느낀 점은 사람들 간의 연결이 정말 강력하다는 것이었습니다. 이를 저는 '만유인력'이라고 표현하고 싶습니다.

사람이 한번 발을 디디면 계속 빠져드는 경험을 하게 되는데, 저도 지금 그런 상태입니다. 이제는 제 아내가 싫어할 정도로 지역 활동에 깊이 빠져들고 있는데, 이를 블랙홀에 빨려 들어가는 것에 비유할 수 있을 것 같습니다. 이러한 관계는 처음부터 강하게 맺어지는 것이 아니라, 처음에는 아주 가볍게 시작합니다. 가볍게 만나 뭔가를 함께 하다 보면 관계가 점차 깊어지고, 그 과정에서 활동이 만들어지며, 이것이 문화적 활동으로까지 이어지는 경우가 많습니다.

그리고 여기서 중요한 요소는 바로 '장소'입니다. 이는 최실비 선생님의 발표와도 관련이 있는데, 제가 관여하고 있는 곳은 공공의 지원을 받는 곳이 아닙니다. 제가 활동하고 있는 공간은 이주민노동자지원센터인데, 흥미로운 점은 제가 취미 밴드 연습을 그곳에서 하고 있다는 점입니다. 이곳은 공공시설이 아니라 민간이 만든 시설이지만, 지역 사람들이 그 공간을 활용하면서 일종의 공공성을 띠고 있다는 것을 느낍니다. 이처럼 민간이지만 공공성을 가진 공간이 관계를 더 단단하게 만들고, 다른 활동과 연결되며, 새로운 공동체적 행동으로 이어지는 모습을 보았습니다.

따라서 기존의 지역문화시설이나 지역문화 공공시설에 대한 관점에서 벗어나, 반쯤은 민간적이지만 또 반쯤은 공공성을 가진 공간을 상상해볼 필요가 있다고 생각합니다. 단순히 공공에서 판을 깔아주고 사람들이 와서 소비하는 공간이 아니라, 사람들이 스스로 만들어가고 활용할 수 있는 공간에 대한 새로운 상상력이 요구됩니다.

세 번째로는 새로운 공공 문화 공간에서의 관계 민주성을 훈련하고, 이를 체계적으로 지원할 수 있는 매뉴얼을 고민할 필요가 있다는 점을 말씀드리고 싶습니다. 이동준 선생님께서 말씀하셨던 것처럼, 지역사회에서는 특정한 사람들이 반드시 등장합니다. 예를 들어, 먼저 자리 잡았거나 외부에서 많은 지식과 정보를 가져온 이들이 종종 권력 지향적인 태도를 보이며 관계를 교란시키는 경우를 자주 목격하곤 합니다.

지역은 단순히 평평한 공간이 아닙니다. 오히려 복잡한 관계들이 얽혀 있으며, 이는 지역의 복잡성을 그대로 반영합니다. 이런 상황에서 개방적이고 민주적인 질서를 형성하는 것은 중요한 과제입니다. 물론 이는 전쟁처럼 치열한 과정을 수반하기도 하지만, 이러한 질서가 자리 잡혀야만 지역문화가 활성화될 수 있는 지속 가능한 기반이 마련됩니다.

따라서 관계가 가진 강력한 연결의 힘을 신뢰하면서도, 그 안에서 새로운 질서를 형성하고 이를 정책적으로 지원하는 방안을 고민해야 할 시점이라고 생각합니다. 이러한 점에서 정책이 단순히 방향성을 제시하는 것에 그치지 않고, 실제로 작동 가능한 기반을 만드는 역할을 해야 한다고 봅니다. 제 이야기는 이 정도로 정리하겠습니다.

사회자

지금 발제하시는 분들께서 많은 이야기를 나누셨는데, 이번에는 현장에서 직접 활동하시는 분들의 이야기를 먼저 들어보는 순서를 제안드리고 싶습니다. 백용성 선생님께서 말씀하시던 내용을 이어서 마무리해 주신 뒤, 현장 이야기를 중심으로 논의를 진행하면 어떨까 합니다. 특히 2025년도 지역문화 정책에 대해 현장에서 어떤 방향으로 나아가야 할지에 대한 다양한 의견을 들어보는 시간을 갖고자 합니다.

백용성 철학자, 경희대학교 후마니타스칼리지 객원교수

최영주 처장님께 물어볼게요. 어떻게 될까요? (저는 잘 모릅니다.) 저도 알 수가 없고요. 근데 이제 기조 발제도 했지만, 이게 2025년만 아니라 그럼 26년은 어떻게 될 것 같습니까?

최영주 사무처장

제가 되치기를 당했네요.(웃음) 일단은 25년도 말씀해주시면 좋겠습니다.

백용성 철학자, 경희대학교 후마니타스칼리지 객원교수

저는 지금 우리가 전환기에 있다고 생각합니다. 앞으로 10년,

20년 동안 지속 가능한 장기적 방향을 고민해야 할 시점이라고 봅니다. 사실, 앞서 다른 자리에서도 이야기했듯이, 이제 나올 만한 것은 다 나왔고, 대부분의 지역에 재단도 이미 설립되어 있습니다. 2000년 초 경기문화재단이 선도적으로 세워졌을 때만 해도, 뭔가 활발한 움직임이 있었습니다.

당시에는 예술가들도 적극적으로 활동하며, 다양한 지원 공모에 참여하고 있었습니다. 저 역시 안산에서 리트머스라는 공간을 운영하며 지역문화예술교육과 국제교류를 병행하고, 전시를 열고, 안산 원곡동과 다문화 지역에서 여러 활동을 이어갔습니다. 그 시절에는 놀면서도 뭔가 창의적인 시도를 할 수 있었습니다.

그런데 지금은 단순히 '작년이 A였다면, 올해는 B로 가야 한다'는 식으로 방향을 정하기에는 부족함이 있습니다. 이는 물론 제 개인적인 생각이지만, 지금은 패러다임 자체를 다시 돌아보고, 기존의 틀을 벗어난 발칙한 시도를 해보는 것이 매우 중요한 시점이라고 생각합니다.

아까 언급된 영등포의 문화예술교육 실험처럼, 단순히 제공자와 수혜자의 관계를 반복하는 패턴에서 벗어나야 한다고 생각합니다. 사실, 여전히 이런 패턴을 유지하는 곳이 많습니다. 제가 살고 있는 서울 강서구의 경우, 화려한 외관의 아트리움 같은 건물들이 있지만, 그 안의 프로그램은 뻔한 강좌나 간혹 열리는 전시 정도에 그치고 있습니다. 접근성도 낮고, 무엇보다 흥미를 끌지 못합니다. 그래서 저 역시 아이들을 데려가고 싶어도 권장하기가 쉽지 않습니다.

요즘 '슬세권'이라는 말이 유행하듯, 슬리퍼를 신고 걸어 다니며 즐길 수 있는 생활권 내의 즐거움이 필요합니다. 반면, 복지 분야는 촘촘히 잘 짜여 있습니다. 예를 들어, 저희 어머니도 노인이신데, 복지 서비스가 매일 케어를 제공하며 일상적으로 도움을 줍니다. 이를 보며 복지와 예술을 결합하면 재미있지 않을까 하는 생각을 자주 하게 됩니다. 하지만 현실적으로 문화원이나 재단은 이러한 소통이 잘 맞아떨어지지 않습니다. 왜 그럴까요? 패러다임의 문제인지, 아니면 예산의 문제인지 확실하지 않지만, 근본적으로는 태도나 사고방식이 중장기적으로 변화해야 한다고 봅니다. 쉽게 말하면, 문체부가 바뀌어야 합니다. 그리고 내년에는 문체부의 인적 구성도 변화가 필요하다고 생각합니다.

요즘은 인공지능 시대니 하는 이야기가 많습니다만, 진정으로 향후 10년, 20년의 문화정책을 어떻게 설계할지 고민하는 것이 지금 가장 중요합니다. 예를 들어, 저는 중고거래 플랫폼인 '당근마켓'을 자주 활용합니다. 사람들이 자발적으로 찾아가며 문화적 향유를 즐기는 모습이 인상적입니다. 이 흐름을 잘못 읽으면 지역문화가 소멸되는 것이 아니라, 오히려 문화 기관들이 소멸할 수도 있습니다. 이런 현상이 사람들에게서 점점 멀어지는 기관들에 경고를 주고 있다고 봅니다.

따라서 발칙한 상상력과 옆으로 연결하는 새로운 접근이 필요합니다. 전통적인 마당의 정신을 현대적 방식으로 되살리는 것이 지금의 시대에 꼭 필요한 방향이 아닐까 생각합니다.

사회자

국회 앞 응원봉 시위의 히트곡 지드래곤의 〈삐딱하게〉 노래가 생각이 나네요. 지역문화 삐딱한 사회라는 주제로 기획을 하면 향후에 새로운 패러다임에 잘 적응할 수 있지 않을까? 라는 생각이 들어서 이야기를 더해봅니다.

백용성 철학자, 경희대학교 후마니타스칼리지 객원교수

동의합니다. 그리고 몇 가지 대상을 과감하게 선택해 시도해보는 것이 중요하다고 생각합니다. 그중에서도 기존에 다소 등한시했던 대중문화 분야를 다시 돌아볼 필요가 있습니다. 요즘 현대 미학에서도 실용주의 미학이나 대중적 접근이 강조되고 있듯이, 대중문화도 충분히 주목받아야 합니다. 예를 들어, 대중적으로 사랑받는 음악 장르인 '뽕짝'도 문화로서 재평가할 여지가 있습니다. 단순히 학문적, 고급문화로만 치우칠 것이 아니라, 대중적 접근을 통해 문화의 스펙트럼을 확장할 필요가 있습니다.

또한, '몸'에 대한 접근도 매우 중요합니다. 최근 '소매틱 Somatic'이라는 표현처럼, 몸을 중심으로 한 문화적 접근이 점점 주목받고 있습니다. 이를테면, 텃밭을 가꾸는 활동처럼 사람들이 쉽게 접근할 수 있는 활동들이 중요하다고 봅니다. 또한, 엔트리Entry에 대한 개념도 주목할 필요가 있습니다. 오늘날 클라우드 서비스처럼, 잠재적 자원과 인적 네트워크를 어떻게 활용할 것인가를 고민해야 합니다. 지역에서 새로운 프로그램을 시작하려면 결국 사람이 중심이 되기 때문입니다.

따라서, 기본적인 인적 조사를 통해 지역 내에서 활동 가능한 사람들, 예술가들, 그리고 이들이 가진 관심사와 역량을 체계적으로 파악하는 작업이 필요합니다. 이러한 작업은 향후 인적 자원 풀Pool을 형성하는데 중요한 기초가 될 수 있습니다. 물리학에서 말하는 '포텐셜'처럼, 지역의 문화적 잠재력을 탐구하고 이를 시각적으로 맵핑Mapping하는 것이 필요합니다. 예를 들어, 영도의 경우 활동 가능한 예술가들이 누구인지, 그들의 관심사가 무엇인지가 명확하게 맵핑되어 있습니다. 이러한 작업은 향후 지역의 문화적 판을 새롭게 바꾸어 나가는데 큰 도움이 될 것입니다.

결론적으로, 지역 내 예술가와 문화 향유 가능 인력을 조사하고, 이들을 체계적으로 맵핑하는 '문화적 지도Cultural Mapping' 작업은 새로운 정책과 방향성을 설계하는 데 있어 필수적인 과정이라고 생각합니다.

염신규 (사)한국문화정책연구소 소장

여기에 한 가지 첨언하자면, 다소 조심스러울 수 있지만, 이제는 보편성에 대한 강박에서 벗어나야 할 때가 아닌가 생각합니다. 지역문화 활동이나 공공의 지역문화 정책이 종종 '재미없다'는 평가를 받는 이유 중 하나는, 너무 추상적인 지역민과 대중을 대상으로 한다는 점입니다. 그 결과, 누구에게도 자신의 문화로 느껴지지 않는 상황이 자주 발생합니다.

이런 이유로 저는 새로운 공공의 장소에 대해 이야기했습니다. 기존의 공공 장소는 보편성을 지향할 수밖에 없기 때문에, 특정한 개별적 활동이나 독창적인 시도를 하기 어렵습니다. 반면, 반쯤은 공공적이고 반쯤은 사적인 성격을 지닌 공간이라면, 개별적이고 개인화된 문화를 형성하는데 적합할 수 있습니다. 이러한 공간은 개인이 자신의 문화적 취향을 키워나가고, 자기 문화를 만들어갈 수 있는 기회를 제공할 수 있습니다.

따라서, 공공성과 개별성을 동시에 아우르는 새로운 형태의 장소를 만들어내는 시도가 필요하지 않을까 생각합니다. 이러한 공간은 기존의 추상적인 정책과는 달리, 사람들에게 보다 직접적이고 개인적인 문화적 경험을 제공할 수 있을 것입니다.

사회자

앞서 언급된 '의도적으로 불편함을 만드는 프로그램'과 같은 아이디어가 이러한 논의와 연결되는 지점이라고 생각합니다. 이와 관련해, 플로어에 계신 분들 중에서 지역 현장의 이야기를 들려주실 분이 계시면 마이크를 통해 의견을 나눠주시면 좋겠습니다. 중앙 정책 당사자나 관계자들에게 들려줄 만한 제언, 예를 들어 '이런 점은 문제가 있다'거나 '이렇게 개선해야 하지 않겠냐'는 말씀을 해주시면 감사하겠습니다.

소속과 함께 어디서 오셨는지, 오늘 포럼에 대한 소감도 간단히 말씀해 주시면 좋겠습니다. 그리고 마지막으로 꼭 하고 싶은 말씀도 자유롭게 나눠주시기 바랍니다. 의견을 들려주실 분이 계시면 말씀 부탁드립니다.

배윤수 인천시부평구문화재단 기획경영본부장

안녕하세요, 저는 인천시부평구문화재단 기획경영본부장 배윤수입니다.

오늘 이 자리에 참석하게 된 이유는 미추홀구 학산문화원의 박성희 사무국장님께서 발표자로 오신 것도 있고, 평소 존경하는 선생님들께서 많이 계셔서 휴가 중임에도 오게 되었습니다. 오늘 다양한 이야기들을 경청하며 많은 배움을 얻었습니다.

고영직 선생님께서는 문화에 대한 서사를 언제나 탁월하게 풀어주셨고, 이동준 사무국장님의 지역 문화활동가로서 역할에 대한 이야기도 깊이 공감하며 들었습니다. 또한, '식물 사람' 같은 표현도 흥미로웠습니다. 저는 오늘 길게 이야기하기보다는 단 한 가지를 말씀드리고 싶습니다. 내년의 지역문화 정책에서 새로운 그림을 기대하는 것이 솔직히 쉽지 않다고 생각합니다.

앞서 고영직 선생님께서 농담처럼 지역문화재단이나 광역 문화재단이 오히려 지역의 문화예술인과 활동가들을 '재단'하는 것 아니냐고 하신 말씀이 떠오릅니다. 실제로 얼마 전 인천문화재단에서도 전통예술 지원사업 전달체계와 관련해 논란이 있었던 것처럼, 정책이라는 것을 크게 생각하지 않더라도, 많은 공공기관이 수월성과 편의성 중심으로 후행하고 있다는 느낌을 받습니다.

지역 문화활동가들은 열심히 활동하며 새로운 사업 영역에서 레퍼런스를 쌓아가고 있습니다. 하지만 각 문화활동가(문화기획자)들이 레퍼런스를 쌓는 것도 중요하겠지만, 지역문화자원으로 무엇을 자리하게 할지 그리고 어떤 방식으로 환류 체계를 만들어 낼 것인가를 고민하는 중요한 지점이라 생각합니다. 즉, 어떤 사업을 했는지에 대한 행위(퍼포먼스)가 중요하듯이 그에 따른 선한 영향력에 대한 고민은 다소 미흡하다고 생각합니다. 이를 개선하기 위한 논의가 필요하다고 생각합니다.

사실 냉정하게 말씀드리면, 염 소장님께서 부평문화에 대한 질적인 연구와 중장기 발전에 용역으로 참가하셔서 많은 도움을 주셨습니다. 이 자리를 빌어 다시 한 번 감사드립니다.

하지만, 부평 지역 문화지형에서 제대로 살려내야 할 지점을 좀 더 적극적으로 말씀드리지 못한 아쉬움이 있습니다. 작업이 거의 마무리되어가는 시점에서 '비전을 부평 지형에 맞게 담아낼 수 없을까요?'라는 요청을 드리며 소장님을 많이 힘들게 했던 것 같습니다.(웃음)

저는 이런 자리를 계기로 이미 낡은 사업성과 전달체계라 생각할 수 있겠지만 〈사업의 기획-사업실행-성과측정-성과공유-개선점 도출-환류〉라는 성과체계에 대해 다시 한 번 복기하고 논의해 볼 필요가 있다고 생각합니다.

현재 지역활동가나 재단 종사자들 모두, 공공행정이 무엇을 해야 하는지에 대한 자기 정체성이 희미해졌다고 해야 할까, 공공행정의 결핍 요소들이 자주 발견되는 상황입니다.

결국, 우리는 지역 기초문화재단의 필요로 했던 25년 전을 복기해야 할 때가 아닐까 생각도 해봅니다. 경기문화재단이 정책문화재단으로서 지금까지 훌륭히 역할을 해왔지만, 제가 지난 10여 년 동안 기초문화재단을 임기직으로 옮겨 다니다 보니, 많은 재단 종사자 후배 여러분이 정책에 대해 많이 이야기하면서도, 정책을 너무 지나치게 무겁고 어렵게 느끼는 경우를 종종 목도했습니다.

고영직 선생님을 비롯한 연구자분들이 말씀하신 담론과 연구는 큰 의미가 있지만, '정책이란 무엇인가?'라는 질문에 대한 실질적인 답을 현장에서 제공하는 사람은 드뭅니다. 예를 들어, 지역에서 정책의 의미를 이해하고 답할 수 있는 직원은 100명 중 많아야 10여 명 정도라 생각합니다. 물론 저의 사견임을 전제로 말씀드립니다.

따라서, 앞으로 광역문화재단이 해야 할 역할은 거대 담론을 이야기하는 것만이 아니라, 재단 종사자들이 자기 정체성을 재확립할 수 있도록 지원하는 것이 필요한 때라고 생각합니다.

공공기관에 종사하는 광역·기초문화재단 종사자 여러분이 어느 방향으로 가야 할지 고민하는 것만큼, 재단 구성원들이 자기 임무와 역할을 명확히 이해하고 현장에서 실천할 수 있도록 돕는 것이 더 중요하지 않을까 생각합니다.

오늘과 같이 지역문화소멸론 등 거대 담론들이 이루어지는 것도 중요하지만, '내가 누구인가'라는 지역문화재단 종사자로서 정체성의 문제가 더 중요하게 다루어져야 한다고 생각합니다. 아까 염춘경 선생님께서 콘텐츠에 대해 말씀하셨지만, 대중문화 예술 영역을 지역문화에서 어떻게 다룰 것인가도 중요한 논제입니다. 이를 담아낼 것인지, 아니면 여전히 소외시키고 제외할 것인지에 대한 논의가 필요합니다. 특히, K컬처와 같은 콘텐츠의 영역은 혼란스러운 부분이 많습니다.

정책의 언어로 이 문제를 접근할 때, '이건 우리 것이다, 아니다'의 이분법이 아니라, 모든 것을 포용하고 배려하는 태도가 필요합니다. 이를 통해 콘텐츠라는 개념에서 좀 더 자유로워질 수 있을 것입니다. 또한, 문화기획과 문화정책에 대한 담론을 다룰 때, 소위 MZ세대부터 시작해 점점 젊어지는 미래 세대의 문화재단 종사자들에게도 새로운 접근 방식을 제안해야 합니다. 이는 문화산업이라는 확장된 개념의 사업영역을 제시하기에 중요한 동기부여와 기폭제 역할을 할 것이라 생각합니다.

많은 지역문화재단이 '사업을 위한 사업'을 반복하고 있다는 점은 지양해야 할 문제입니다.

사업을 진행하다 보면 '무엇을 어떻게 펼쳐내야 할지' 고민하기보다 단순히 사업을 수행하는데 치중하게 됩니다. 그리고 사업이 잘 수행되었을 때 사람들이 좋아하면 '잘했다'고 평가하죠. 하지만 그 다음 단계인 환류 체계와 평가가 무너지고 있는 현실을 우리는 고민해야 합니다.

아까 고영직 선생님께서 말씀하신 '평상을 만드는 작업'이야말로 더 중요한 과제라고 생각합니다. 저는 이 작업에 깊이 공감하며, 2025년은 각 지역의 문화를 이야기를 펼쳐 놓는 평상을 만들고 회복할 수 있는 한 해가 되었으면 좋겠습니다. 이를 위해 우리 지역문화 구조를 다시 점검하고 돌파하는 노력이 필요합니다. 생각이 길어졌습니다. 경청해 주셔서 감사합니다.

사회자

네, 방금 환류 시스템이 회복하기 어려운 상황이라는 솔직한 말씀을 들었습니다. 이러한 고민은 현장에서 많은 분들이 공감할 부분이라고 생각합니다. 이제 한 분 정도 더 지역의 상황과 관련하여 의견을 나눠주시면 좋겠습니다. 말씀 부탁드립니다.

김누림 수원다이브 대표

안녕하세요, 저는 수원 지역에서 로컬 콘텐츠를 만들고 로컬 매거진을 기획 중인 '수원다이브'의 김누림입니다. 사실 저는 활동가도 아니고, 문화재단 같은 상황에도 익숙하지 않은 일반 대중이었습니다. 그저 문화생활을 즐기며 회사생활을 하던 평범한 회사원이었죠. 수원으로 이사 온 지도 10년 정도 되었는데, 회사 일을 그만두고 제가 가치 있다고 생각하는 일을 찾기 위해 새로운 도전을 시작했습니다.

　처음에는 독서모임 회사에서 몇 달간 일해 보았지만, 지난달에 퇴사하고 지금은 한 달 정도의 휴식기를 가지고 있습니다. 현재는 '수원다이브'라는 인스타그램 계정을 통해 활동을 시작했으며, 첫 단계로는 수원의 맛집을 소개하며 사람들에게 다가가고자 합니다. 다른 선생님들께서도 말씀하셨듯이, 저는 생활권 안에서 만날 수 있는 작은 커뮤니티의 중요성을 깊이 느낍니다. 공공기관이나 관에서 추진하는 정책도 물론 의미가 있지만, 저는 개인적으로 내가 속한 생활권에서 직접 만날 수 있는 커뮤니티를 만드는데 관심이 많습니다. 그래서 맛집 소개로 시작해, 두 번째 단계에서는 오프라인 모임을 수원에서 활발히 만들어보고자 합니다.

　오늘 이야기를 들으면서 계속 떠오른 개념이 '제3의 장소'입니다. 관련 책을 읽고 나서 회사도 그만둘 만큼 저에게 깊은 영감을 준 개념입니다. 제가 자주 가는 단골 바가 있는데, 이곳이야말로 제3의 장소의 역할을 완벽히 수행하고 있다고 느낍니다. 이곳은 주로 1인 가구들이 오가는 공간으로, 사람들과 자연스럽게 인사하고 연결될 수 있는 매력적인 장소입니다. 이 공간은 단순히 술을 마시러 가는 곳이 아니라, 사람들과의 연결이 주된 이유가 되는 곳입니다. 흥미로운 점은 최근 무알코올 칵테일 매출이 점점 늘고 있다는 것입니다. 이는 단순히 음주가 아니라, 이 공간에서 만들어지는 관계와 연결의 힘이 사람들을 끌어들이기 때문이라고 생각합니다. 저는 이러한 공간이 현대사회에서 일종의 마을회관 같은 역할을 하고 있다고 봅니다.

　제가 알고 있는 이러한 공간들이 몇 군데 더 있는데, 이런 공간들을 지원하는 사업이 수원시에서 조금씩 진행되기는 했습니다. 하지만 너무 '공공'의 느낌이 강하다 보니, 사람들이 재미없을 거라고 선입견을 가지게 됩니다. 또한, 그런 공간들은 힙하지 않다는 인식이 있어서 방문 장벽이 생기기도 합니다. 그래서 단순히 프로그램 단위로 실적을 보여줘야 하는 방식이 아니라, 공간 자체를 지원할 수 있는 방법은 없을까 하는 생각을 많이 했습니다. 예를 들어, 기획자가 대관할 때 대관료를 지원하거나, 공공이나 관의 존재가 전혀 드러나지 않는 방식으로 지원사업을 운영하는 방법도 고려해볼 수 있지 않을까요?

　요즘 대기업에서도 서브 브랜드를 만들어 유튜브 채널을 운영하는 사례를 많이 볼 수 있습니다. 제가 인상 깊게 본 사례는 '라이프 집'이라는 커뮤니티였습니다. 이곳에서는 사람들이 자신의 집 사진을 공유하며 생활상을 나누는데, 너무 힙하고 디자인도 예쁘게 구성되어 있더군요. 처음에는 어디 개인이 만든 커뮤니티인가 했는데 알고 보니 대기업이 운영하는 것이었습니다. 이처럼 공공기관에서도 너무 '공공의 느낌'이 드러나지 않는 서브 브랜딩 방식으로 접근할 수 있지 않을까 생각해봅니다.

　물론 저는 사기업 출신이라 공공기관의 시스템을 잘 알지는 못합니다. 하지만 관계자분들께서 이런 방식으로도 한번 고민해보시면 어떨까 하는 제안을 드리고 싶습니다.

이초영 별일사무소 대표

제가 사례를 하나 설명드릴 수 있을 것 같습니다. 산업단지가 조성되면서 20~30대 1인 가구가 많아지고, 학령기 자녀를 둔 가족들이 이주하면서 변화가 생기고 있습니다. 당시 서충주에서는 이런 이야기가 나왔습니다. '모두 아파트에 들어가면 저녁 6시가 되면 건물로 사람들이 우르르 들어가 사라진다. 주말에는 넷플릭스를 보거나 배달음식을 시켜 먹으며 아무도 나오지 않는다. 그리고 밤 9시나 10시쯤에야 커피숍이나 호프집에 모여서 같은 직장인들끼리 만난다.'

하지만 최근에는 이런 현상에 변화가 있었습니다. 1인 가구들이 하고 싶은 활동을 제안받아 가장 넓은 건물 옥상에서 '옥상마켓'을 여는 프로그램이 있었습니다. 이는 일종의 당근마켓과 비슷한 개념으로, 쓰지 않는 물건이나 재활용품을 교환하고, 남은 식재료를 나눠 먹는 등의 활동을 통해 커뮤니티를 형성했습니다. 또, 코인 세탁소를 중심으로 비건 모임을 만든 사례도 있었고요, 다른 지역에서는 보드게임을 비치했더니 빨래를 기다리며 사람들이 자연스럽게 함께 보드게임을 즐기고 친해지는 커뮤니티가 형성된 것입니다. 이러한 사례는 공공지원이 어떤 포인트에서 어떻게 작용해야 하는지를 보여줍니다. 꼭 공적인 지원사업이라는 이름이 아니라, 사람들 간의 자연스러운 연결을 고민하고 설계한 사례라고 할 수 있습니다.

수원에서는 '동행 공간'이라는 커뮤니티 지원 공간이 있습니다. 그중 초기 사례로 책방과 제로 웨이스트 숍이 연결된 '나스여관'이라는 공간이 있습니다. 그중 초기 사례로 '그런의미에서'라는 독립서점에서 '오늘도 책방으로 퇴근합니다'라는 프로그램을 운영하며, 지역 작가들이 책방에서 글을 쓰고 이를 책으로 묶어내는 활동을 진행했습니다. 이러한 프로그램들은 공공의 영역에서 지원한 사례로, 사람들이 자연스럽게 모이고 연결되는 장을 만드는 좋은 예시라고 생각합니다.

제가 강조하고 싶은 점은, 공간의 중요성이 요즘에는 개인의 '소수성'에 맞춰지고 있다는 것입니다. 공간이 공적인 차원에서 공공성을 가지는 동시에, 민간과 공공의 경계에서 어떤 방식으로 그 정체성을 가져가야 할지가 가장 큰 고민입니다. 민간이 가진 공간의 정체성과 지원을 어떻게 연결해야 할지, 그리고 이를 어떤 포인트에서 공공적으로 지원해야 할지에 대한 명확한 방향성이 필요합니다.

현재는 개인의 소수성에 맞춰진 공간에 비용을 지불할 의사도 충분히 존재합니다. 예를 들어, 사람들이 2~3시간 동안 혼자 앉아 필사만 하더라도 3만 원을 기꺼이 지불하며, 이런 공간들은 항상 예약이 가득 차 있습니다. 이러한 흐름을 고려했을 때, 공공과 민간의 협력 방식을 더 깊이 고민할 필요가 있습니다.

아까 제안된 방식들은 공공에서 전면적으로 고민해봐야 할 가치가 있는 제안이라고 생각합니다. 공공과 민간이 함께 고민하며 공간의 정체성과 활용 방식을 설계하는 노력이 더욱 중요하다고 봅니다.

사회자

사실 내년도 이후 지역문화 정책이 어떻게 변화할 것인가에 대해 말씀드리면서도, 조심스러운 부분이 있었습니다. 아마 눈치 채셨을지 모르겠지만, '보조금을 더 많이 지원해달라'는 요청으로 받아들여질까봐 신중하게 이야기했던 부분입니다. 그러나 지금 논의된 내용처럼, 보조금이 중요한 것이 아니라, 변화된 패러다임 속에서 청년들이 수원다이브와 같이 자신이 하고 싶은 일을 하며 의미 있는 삶을 살아갈 수 있는 구조가 중요하다고 생각합니다.

이러한 구조는 반드시 풍족하지는 않더라도 기본적인 생계를 유지하며, 자신의 활동이 사회적으로 인정받고, 필요한 보조금을 지원받을 수 있는 환경을 의미합니다. 하지만 이러한 지원이 모든 것을 대신하는 것이 아니라, 삶의 다양한 가능성을 열어주는 하나의 수단으로 작용해야 한다고 봅니다. 이러한 방향이 향후 지역문화정책에서 지향되어야 하지 않을까 생각합니다.

그리고 아까 제 이야기를 가장 열심히 들어주신 것 같은 분이 계셨는데, 정면에 계속 계셔서 하실 말씀이 있으시다면 자유롭게 나눠주시면 좋겠습니다.

안진호 건축사

안녕하세요, 저는 건축사 사무소를 운영하고 있는 안진호입니다. 사실 문화재단에 대해서는 조금 알고 있었지만, 문화원에 대해서는 잘 몰랐습니다. 그래서 오늘 이 자리에 와서 어떤 이야기가 오가는지 궁금하기도 하고, 모르는 부분은 ChatGPT를 활용해가며 '문화원은 어떤 곳인가, 연합회는 무엇을 하는가' 등을 찾아보며 알아갔습니다. 이를 통해 문화원과 연합회의 역할에 대해 조금씩 이해할 수 있었습니다.

제가 이런 자리에 오게 된 계기는, 올해 경기문화재단에서 진행한 아카데미 프로그램 덕분입니다. 다양한 프로그램이 풍성하게 운영되었고, 그 과정에서 저도 건축가이자 시각예술인으로서 처음으로 예술인으로서의 혜택을 누리고, 나의 존재를 인정받는 듯한 느낌을 받았습니다.

아카데미를 통해 ChatGPT 같은 도구도 알게 되었고, 네트워킹 행사에도 참여하게 되었습니다. 처음에는 5월에 한 번 갔다가, 이후 매달 열리는 네트워킹 행사에 12월까지 빠짐없이 참석하게 되었죠. 이 자리에서 느낀 '절묘한 거리감'은 매우 인상적이었습니다. 보통 한 번 만나고 헤어지는 경우가 많지만, 어떤 분들과는 지속적으로 교류하게 되었고, 저처럼 팬이 되어 계속 모임에 참여하는 사람들도 생겼습니다.

그 과정에서 기획자분들과도 교류하며 흥미로운 제안도 받았습니다. 예를 들어, 사무실을 이전할 계획이라면 자신들이 있는 공간으로 오라는 제안도 받았고, 함께 재미있는 일을 해보자는 이야기까지 나눌 수 있었습니다. 이러한 경험은 제가 지역에 애착을 갖게 하고, 고민 많은 청년들이 다시 발길을 돌리게 만드는 계기가 되었습니다.

올해는 특히 경기문화재단에서 보내오는 행사 메일을 확인하는 것이 저의 소소한 낙이 되었습니다. 프로그램이 시작된 지 얼마 되지 않아서인지, 신청만 하면 거의 다 참여할 수 있었고, 이러한 점이 저에게는 너무나도 좋은 경험으로 남았습니다

저는 지금 이 시점에서 너무 좋은 혜택을 누리고 있다는 생각이 듭니다. 주변에 예술 작업을 하고 있지만 예술인으로 등록하지 않은 분들에게도 꼭 예술인 등록을 빨리 하라고 권하고 있습니다. '예술인 등록을 통해 아카데미 프로그램이나 행사에 지원해 역량을 쌓아보라'고 말하곤 합니다. 제가 이러한 행사와 프로그램에 참여하면서 얻는 것은 단어와 문장 같은 새로운 통찰들인데, 그 시간의 가치를 충분히 느끼고 있기 때문입니다.

그렇게 참여하다 보니 경기문화재단을 시작으로 수원문화재단 소식을 구독하게 되었고, 이후에는 청년예술청까지 알게 되며 점점 더 네트워크가 넓어졌습니다. 다양한 행사와 프로그램에

서 만난 사람들과 인사를 나누고, 대화를 통해 제 역량이 성장하고 있다는 것을 체감할 수 있었습니다. 이는 다른 곳에서는 얻기 어려운 경험이었고, '문화재단이 나의 성장을 돕고 있구나'라는 확신을 주었습니다. 이 경험을 여러분과 나누고 싶습니다.

한 가지 질문을 드리고 싶은데요. 지금의 문화재단이 현대예술이나 시민 중심의 초점을 맞추고 있다면, 과거의 전통문화나 지역문화 위주의 접근은 어떻게 되고 있는지 궁금합니다. 제가 느끼기에는 이러한 전통적 접근이 약간 과도기적인 Transitional 느낌을 주는데, 혹시 이러한 경계를 유지하고 강화하고 있는지, 아니면 현재는 문화원과 문화재단 간의 경계가 희미해졌는지도 알고 싶습니다. 이에 대한 설명을 듣고 싶습니다.

사회자

지난주에 한국문화원연합회에서 지역학 학술대회가 열렸습니다. 그 자리에서는 '지역을 어떤 방향으로 연구해야 할까?'라는 주제를 놓고 다양한 논의가 이루어졌습니다. 제가 알기로는 오늘 이 자리에 계신 두 분도 그 학술대회에 참석하신 것으로 알고 있습니다. 물론 결이 조금 다를 수 있겠지만, 지역과 관련해 하실 수 있는 이야기가 있다면 간략하게 들어보고 싶습니다. 말씀 부탁드립니다.

이동준 이천문화원 사무국장

우리는 흔히 K컬처의 배후에는 N문화, N컬처가 있다, 라고 이야기합니다. 이건 잘못하면 또다른 의미의 주류권력을 만드는 셈이 될 수도 있습니다. K컬처는 글로벌 OTT 자본을 공급받고 있고 글로벌 시장에 계속 히트작을 내야 한다는 강박에 쫓깁니다. 그래서 새로운 캐릭터, 신선한 소재라는 먹잇감을 지역문화에서 찾습니다. 다분히 소모적 관점에서 지역을 바라보는 거지요.

오늘 보편성에 대한 이야기가 많이 나왔는데, 'N문화'라고 할 때, 그 N개의 문화는 동질적이고 균질화된 N이 아닙니다. 일사불란하게 움직이고 동원되는 대문자 N의 시대는 이제 끝난 것 같습니다. 이름 없던 *Nameless* n이었죠. 그동안 잠자고 있던 소문자 n이었는데 그 소문자 n이 깨어난 겁니다. 이 n들은 서로 다른 n인 거죠. 저마다 독자적인 목소리를 가진, 자기색깔을 지닌, 살아있는 세계의 미시적 관찰이 필요한 시대가 되었습니다.

디지털 시대를 살아가고 있지만, 우리가 경험하는 세상은 단순히 0과 1로 환원되는 이원론적 세상이 아니라, 확대하면 확대할수록 미토콘드리아처럼 무한히 드러나는 인간성과 잠재성, 그리고 지역의 특이성이 살아 숨 쉬는, 살아있는 세상이라고 생각합니다. 청년들이 이러한 관점을 가지고 지역의 깊은 부분을 들여다보았으면 좋겠습니다.

저희 이천문화원은 물론 기존의 향토문화와 전통문화를 기반으로 하고 있지만, 이를 어떻게 현재화하고 미래와 연결시킬 것인가에 대해 항상 고민하고 있습니다. 이러한 이음과 전달의 중요성을 기반으로, 지난 2024년에 우리는 청년들을 포함해 다양한 계층의 문화기획자들을 지원하는 사업을 진행했습니다. 저는 이들을

29개의 가지각색 '문화 고구마'라고 표현하고 싶습니다.

　　이 사업에서는 2~3장의 간단한 기획서만 제출하면 사업을 시작할 수 있고, 정산도 간결하게 처리했습니다. 청년들이 어떤 일을 하든 상관없이, 발표 기회와 과정을 통해 서로 교류할 수 있는 장치를 마련했습니다. 이러한 활동은 발표회나 교류를 통해 자연스럽게 이루어졌습니다.

　　이천은 경기도 문화자치사업을 몇 년째 해오고 있는데 이 사업을 통해서 여러 문화예술 동아리 활동이 많이 생겨나고 있습니다. 문화재단 중심으로 진행이 되고 있는데 문화원도 긴밀히 협력하고 있습니다. 문화원은 지역의 문화자치 활성화를 위해서 특히 청년층에 관심을 두고 있습니다. 그래서 올해에는 지역 청년들의 문화 역량과 문화 시민력을 키우기 위한 노력을 많이 기울였습니다. 이러한 활동이 앞으로도 계속 발전해 나갔으면 좋겠습니다.

　　저는 문화 역량과 문화 시민력을 어떻게 키워나갈 것인가가 가장 중요한 과제라고 생각합니다. 저희 문화원에서도 이러한 중요성을 깊이 인식하고, 지역을 바라보는 관점을 바꾸자는 취지에서 지역 인문학의 중요성을 강조하고 있습니다. 올해 진행한 사업 중 가장 의미 있었던 건 청년들을 지원하는 프로그램이었는데, 750만 원 정도의 예산으로 큰 금액은 아니지만, 100만 원에서 최대 150만 원까지 6개 청년 문화기획자 동아리들에게 지원을 했습니다. 100여 명의 청년들이 참여했구요. 이를 통해 청년들이 자신의 역량을 발휘할 수 있도록 도왔습니다.

　　또 하나의 활동은 저희 문화원이 몇 해 전에 상을 받은 것을 계기로 직원들에게 포상휴가를 제공한 일입니다. 2년에 걸쳐 6명의 직원들이 자유롭게 휴가를 다녀왔습니다. 저도 지난주부터 제주도로 휴가 중인데, 오늘 콜로키움 때문에 이렇게 휴가 중에 참석했습니다. 그런데 단순히 사적인 여행으로 그치는 것이 아니라, 제주문화원과의 교류 활동을 겸해서 하는 거지요.

예를 들어, 제주를 방문할 때 문화예술 행사라든지, 새롭게 변화하고 있는 제주문화의 동향이라든지 이런 걸 눈여겨 봅니다. 그리고 이천문화원 60주년을 기념해서 휘호를 써주신 제주문화원 서예가 선생님께 도자기를 준비해 전달하는 일도 했습니다. 이런 일들이 다소 번거롭기도 하지만, 이를 통해 자연스럽게 제주문화예술인마을을 방문하고 그곳의 분위기도 살펴보고 제주서예의 정신적인 면을 알게 되는, 그런 문화교류가 이루어졌습니다. 우리 직원들은 사적인 활동 속에서도 항상 문화적인 관점을 염두에 두고 이러한 공적인 영역과 사적인 영역이 혼재된 활동을 자연스럽게 이어가고 있습니다.

청년들이 어떤 활동을 하든, 그리고 직원들이 포상휴가를 가든, 공적인 부분과 사적인 부분이 섞여 있는 이러한 일상적 경험들이 문화 활동의 본질을 이루고 있다고 생각합니다.

이천에서는 문화자치사업 같은 성격의 예산을 현장에 투입해도 잘 사용될 수 있겠다는 신뢰가 점차 형성되고 있다고 봅니다. 저는 이런 사례들이 지역에서 점진적으로 연습*Practice*되고 있는 증거라고 생각합니다. 시민사회 차원에서 작지만 꾸준히 의미 있는 경험들이 축적되고 있는 거지요.

한편, 제주문화를 생각해 보면 문화적 고립이 오히려 그 문화의 고유성을 보존하는데 기여할 수 있다는 점을 떠올리게 됩니다. 과거 제주는 조선시대에 출륙금지령으로 본토와 단절되었던 200년 남짓한 기간이 있었습니다. 역설적이게도 이 기간 동안 제주의 독특한 문화가 보존되고 발전할 수 있었던 계기가 된 게 아닐까 하는 생각이 듭니다.

따라서 어설픈 보편화보다는 각자의 정체성을 고민하고 숙고하는 시간이 필요하다고 봅니다. 우리나라는 짧은 시간에 압축 성장을 이루고 그 후유증을 심하게 겪고 있는 독특한 역사적 경험을 가지고 있습니다. 서구 국가들은 역사적 경험이 순차적으로 발전해 왔다면, 우리는 이러한 경험들이 수십 년 동안 혼재되어 동시대적으로 나타나고 있습니다. 지금도 양반과 천민, 서울과 지방, 전제주의와 민주주의가 이상하게 공존하고 동거하는 특이한 사회라고 할 수 있습니다.

그렇기 때문에 무엇이 옳고 그르다고 쉽게 판단하기 어렵습니다. 과거, 현재, 미래가 동시적으로 공존하고 있는 사회에 살고 있는 셈이지요. 예를 들어, 우리는 원자력 시대, 디지털 시대, 그리고 원시적 사고방식을 가진 사람들이 모두 혼재되어 살아가는 독특한 사회를 이루고 있습니다. 이러한 경험과 구조는 세계인의 눈에 '한국 사람들의 사고와 생활 방식은 정말 독특하다'는 인식을 줄 수 있는 요소가 될 거라고 생각합니다. 이러한 독특성이야말로 우리의 문화적 정체성과 경쟁력이 될 수 있지 않을까요.

안진호 건축사

저도 말씀하신 것처럼 동시대성이 정말 중요하다고 생각합니다. 오늘 문화원에 대해 자세히 알게 되었는데, 문화원의 역할이 매우 중요하다는 것을 느꼈습니다. 디자인 작업을 하는 입장에서 보면, 현재 많은 디자인과 작업들이 서구의 영향을 받고 있습니다. 그러나 진정으로 자신 있게 이야기하려면 결국 우리의 뿌리에서 나와야 한다고 생각합니다.

이러한 접점을 만들어내는 데 있어 문화원이 중요한 역할을 할 수 있다고 봅니다. 특히, 동시대성이 확보되어야 사람들이 문화원을 찾아오고, 시민들과 청년들이 자연스럽게 참여할 수 있을 것입니다.

사회자

결국, 과거의 유산이 어떻게 현재적 의미를 가질 수 있는가에 대한 철학적 탐구로 이어지는 이천문화원의 사례는 매우 인상적입니다. 실제로 이천에 가시면 이러한 철학이 어떻게 구현되고 있는지 직접 느끼실 수 있을 것 같습니다.

최실비 선생님, 혹시 오늘 말씀하시려다가 못 하신 내용이 있으신가요? 혹시 '이 얘기할걸!' 하며 나중에 아쉬워하지 않으실까요? 지금이라도 나눠주시면 좋겠습니다.

최실비 『경기문화저널』 편집위원

문화예술교육이 자꾸 예산을 확보하기 위해 단기적 관점에서 단위 사업 중심으로 확장해 나가는 방식이 안타깝습니다.

백용성 철학자, 경희대학교 후마니타스칼리지 객원교수

간단한 질문입니다. 현재 예산과 관련된 트렌드로 1인 가구 증가 같은 사회적 변화가 전체 정책에는 반영되고 있는 것처럼 보입니다. 그런데 문화 분야에서도 이러한 특화된 트렌드들이 반영되고 있나요? 예를 들어, 주거와 연계된 문화정책이 적용되고 있는지 궁금합니다. 나중에 이를 어떻게 풀어나갈지에 대해서도 논의가 필요한 것 같습니다.

최실비 『경기문화저널』 편집위원

실무자로서 조심스럽게 말씀드리자면, 취약계층에 대한 지원, 인구감소와 같은 사회문제 대응과 관련한 지원은 늘어나는 기조를 보이고 있습니다.

사회자

긴 시간 동안 함께해 주셔서 감사합니다. 참고로 저는 지역

문화진흥원 이사를 맡고 있는데, 아까 말씀하신 '문화로 사회 연대'와 관련된 이야기나 내년도 이후 지역문화진흥원의 지원 방식에 대해 더 이야기하고 싶었지만, 시간 관계상 다루지 못하게 되었습니다.

한 가지 제안을 드리자면, 격식을 차려 원고를 준비하고 발표하는 형식이 아닌, 이렇게 깊은 이야기를 서로 나눌 수 있는 '콜로키움' 형식의 논의가 정례적으로 이루어졌으면 좋겠다는 생각을 했습니다. 내년도 예산을 검토해보고, 최소 세 번 정도의 자리를 마련해 더 많은 대화를 이어가길 제안드립니다.

오늘 나눈 이야기 중에도, 특히 관계와 패러다임 전환, 문화도시와 지역 이해 방식 등 깊이 논의해야 할 주제가 많았던 것 같습니다. 내년도에 같은 참석자들이 다시 모여 오늘의 논의를 이어가고, 다음 단계로 발전시킬 수 있는 자리를 마련하면 좋겠다는 생각입니다. 고영직 선생님께서도 도움을 주시면 감사하겠습니다. 긴 시간 고생 많으셨습니다. 오늘 행사는 이것으로 마치겠습니다. 감사합니다.

소멸되지 않는 지역문화, 어떻게 가능한가?

제3부

삶을 담는 문화 행갈이

로컬의 미래와 문화적 행갈이
고영직 문학평론가

삶의 형식을 담은 행갈이는 가능한가
소종민 문학평론가, 안톤체홉책방 점원

삶의 테두리를 확장하는 방식
최실비 『경기문화저널』 편집위원

'코페르니쿠스는 지금도 지역에서 일하고 있다'
이동준 이천문화원 사무국장

지방문화원, 안 해본 일을 해보기!
김현수 한국문화원연합회 지역문화사업팀장

생활문화, 납작한 형식과 인식의 틀들
임재춘 문화기획자, 커뮤니티스튜디오104 대표

로컬의 미래와
문화적 행갈이

고영직
문학평론가

지역은 무엇으로 사는가

'지역은 무엇으로 사는가.' 요즘 나의 고민이다. 2024년, 지역의 미래가 마냥 밝아 보이지 않는 것과 관련이 있다. 그럼에도 불구하고 삶의 격格을 생각하고, 지역에서 문화적 행갈이를 바꾸려는 재미있는 모색들이 있는 한, 아직은 희망을 품어도 좋겠다고 애써 생각한다. 쉽지 않다. 지역의 문화적 구조가 쉽게 바뀌는 것이 아니기 때문이다. 영국 문화학자 레이몬드 윌리엄스가 말한 감정 구조 Structure of feeling란 하루아침에 바뀔 만큼 그 토대가 허약하지 않다. 어쩌면 우리의 의식은 물론 무의식을 바꾸어야 하는 것인지도 모르겠다.

그런데 문화의 본질은 사실 '형식'에 있다는 점을 생각해보아야 한다. 우리는 문화라고 할 때 내용을 먼저 생각하지만, 문화의 본질은 형식에 있다. 레이몬드 윌리엄스가 말한 감정 구조의 본질이란 것도 따지고 보면 우리가 사람을 대하는 문화적 형식 같은 의미가 아닐까. 또 예술의 새로움은 대체로 형식미학에서 비롯한다는 점을 기억할 필요가 있다. 예술, 예술가, 예술운동은 어떻게 익숙하고 자명한 것들과 탈정脫井하며, 기존의 형식과 다른 '어긋남 Out of joint'의 형식을 기꺼이 수용할 것인가가 중요하다. 프랑스 철학자 프랑수아 줄리앙이 제시하는 탈–합치脫合致, De-Coincidence란 쉽게 말해 기존 예술장의 익숙한 질서에서 탈주하라는 의미라고 할 수 있다.

정지아 작가의 소설 『아버지의 해방일지』.
장례식이 진행되는 3일장을 배경으로
아버지의 행장을 회고하는 형식을 취했다.

예를 들어 2022년 최고의 히트작인 소설가 정지아의 『아버지의 해방일지』의 경우를 보자. 이 작품은 사회주의자였던 아버지의 장례식이 이루어지는 '3일장'을 배경으로 아버지의 행장 行狀을 회고하는 형식으로 구성된 작품이다. 하지만 이 작품은 낡은 이념과 상투적인 이야기 대신에, 달라진 지금 여기의 징후를 예민하게 읽어내며 사람의 마음을 움직이는 새로운 이야기를 길어올렸다. 자기 안의 우물에서 벗어나려는 '탈정'의 상상력, 합치의 힘에 저항하려는 '탈-합치'의 서사 전략을 잘 구사한 결과였다. 작가 정지아에게 그 여정은 자기 해방의 길이었고, 타자 해방의 길이었을 것이다. "황톳물이 휩쓸고 지나가야 새 길이 열린당게."(259쪽)라는 소설의 대사는 문학도, 예술도, 지역문화도 탈정과 탈합치를 통해 문화적 행갈이가 필요하다는 비유로 읽힌다.

이와 관련해 지극히 사적인 에피소드가 떠오른다. 1970년대 중반 어린 시절 우리집은 가난한 소농이었는데 그 무렵 마을에는 상이군인들이 떼를 지어 구걸하는 장면을 심심치 않게 목격할 수 있었다. 그들은 우리집에도 곧잘 방문했다. 그런데 어머니는 그런 사람들이 오면 함부로 내쫓지 않고, 꼭 개다리소반에 밥상을 차려 마루에 내주었다. 그때의 장면은 오랜 시간이 지났음에도 불구하고 내 뇌리에서 유독 지워지지 않는다.

나는 위 일화에서 '문화란 무엇인가'를 생각한다. 즉 문화는 사람을 대하는 형식처럼 형식이 중요하다는 것이다. 너나없이 어려웠던 1970년대, 그 시대의 문화 형식은 누군가가 구걸을 오면 제대로 '밥상'을 차려주는 것이 문화의 형식이었다고 할 수 있다.

1970년대 중반이라면 한국전쟁이 끝난 지 불과 20여 년밖에 지나지 않았을 때였다. 상이군인들이 20대 초반 한국전쟁에 참전했다고 가정한다면, 상이군인들은 당시 불과 40대 초·중반의 나이였다. 어쩌면 어머니와 그들 사이에는 한 세상의 상처와 고통을 같이 견디며 살고 있다는 설움의 동질성 같은 것이 작용했던 것이 아닌가 싶다.

하지만 지금 여기 대한민국에서 사람을 대하는 형식은 어떠한가. 우리나라는 경제 규모가 전 세계 11위를 차지할 만큼 '선진국'이라고 말하지만, 사람을 대하는 형식은 예전보다 더 진화했는가. 나는 이 질문에 자신 있게 "그렇다"라고 답변할 수 없다. 우리 안의 감정 구조를 바꾸려는 일종의 문화적 행갈이가 중요한 이유가 여기에 있다.

시의 행갈이처럼 문화적 행갈이를 바꾸는 것은 결국 우리 안의 의례Ritual를 바꾸는 것이라고 할 수 있다. 지금 여기의 지역문화가 바뀌려면 형식의 혁신에 관심을 가져야 한다. 예를 들어 민간과 행정의 거버넌스는 지역문화를 가꾸는 중요한 형식이다. 하지만 지금 여기의 거버넌스가 잘 작동하고 있는가. 민관 거버넌스는 실종되었고, '위원회 거버넌스'조차 잘 작동하지 않는다. 인구소멸, 지역소멸이라는 이슈에 잘 대응하기 위해 '행동하는 거버넌스'가 어느 때보다 필요하지만 중앙정부와 기초자치단체 간 공존의 지혜는 잘 보이지 않는다. 예를 들어 문화도시 정책의 경우 '대한민국 문화도시'라는 이름으로 바뀌었으나 바뀐 것은 이름뿐만 아니다.

로컬의 미래는 저절로 오지 않는다

　최근 출간된 서진영의 『로컬 씨, 어디에 사세요』(온다프레스 2023)는 '담론으로서의 로컬'이 아니라, '실체로서의 로컬'에 대해 생각해 볼 수 있는 좋은 책이다. 책에서 가장 인상적인 표현은 다음 구절이었다. '현재 얼마나 좋은 여건을 갖추고 있는 곳인가를 가늠하기보다 얼마나 여지가 있는 곳인지를 좀 더 깊이 들여다보게 되는 것 같달까. 그리고는 스스로에게 묻게 된다. 나는 어디에서 내 고유의 색깔을 드러내며 살아갈 수 있을까 하고 말이다.'
　좋은 '여건'을 갖추고 있는 곳보다 '여지'가 있는 곳이 더 좋은 지역이라는 위의 표현은 지역문화의 목표와 방향이 어디를 향해야 하는지를 잘 보여준다. 지역문화의 본질이란 물리적 인프라를 의미하는 '여건'을 마련하는 일도 필요하겠지만, 사람과 사람 간에 '여지'를 잘 만드는 행위와 활동에 달려 있다는 말이다. 그러려면 당연히 내가 사는 지역에서 문화의 형식을 잘 가꾸려는 마음과 활동이 필요하다. 그래야 지역의 자기 결정권을 잘 행사할 수 있다. 로컬의 미래는 저절로 오지 않기 때문이다.
　로컬의 미래는 '지역화'에 달려 있다. 이와 관련해 스웨덴 언어학자 헬레나 노르베리 호지가 겪은 에피소드는 우리에게 좋은 참조점을 제공한다. 1970년대 중반 히말라야 라다크를 처음 찾은 그는 어느 청년에게 "이 마을에서 가장 가난한 집을 보여달라."고 말했다. 그러자 라다크 청년은 "여기엔 그런 집이 없어요."라고 답한다. 라다크 사회엔 '가난'이라는 말이 없었던 것이다. 그리고

춘천문화재단 〈도시가살롱〉 활동 모습
(ⓒ춘천문화재단)

춘천문화재단 〈도시가살롱〉 활동 모습
(ⓒ춘천문화재단)

지역문화는 소멸하지 않는다

라다크 사회는 오랫동안 자치의 정치, 자립의 경제, 자존의 문화를 가꾸어오며 '면면히' 살아왔다. 그런데 호지가 십 년쯤 지나 다시 라다크를 찾았을 때 뜻밖의 광경을 목격한다. 예전에 만난 적 있는 청년이 관광객들에게 "우리를 도와주셨으면 해요. 우리는 너무 가난해요."라며 구걸하는 장면을 목격한 것이다. 저 히말라야 오지까지 침투한 세계화란 이름의 자본주의화는 로컬의 미래를 앗아갔던 것이다.

지역은 인구소멸, 지역소멸 같은 당면한 문제를 스스로 결정하고 해결해야 하는 진정한 자기 결정권을 행사할 수 있어야 한다. 하지만 쉽지 않다. 지역은 여전히 인사와 예산 등 권한 행사에 있어서 여전히 중앙정부의 눈치를 살피고 의존해야 하기 때문이다. 2023년 3월, 정부는 '문화로 여는 지방시대'를 선언하고, '대한민국 어디서나 살기 좋은 지방시대'를 약속했다. 하지만 2024년 지방 교부금 대폭 삭감에서 보듯이, 사실상 '기민棄民정책'에 가까운 정책 기조로 일관하고 있다.

그럼에도 불구하고 '관계의 평상'이라는 형식을 잘 갖추며, 내가 사는 지역을 '여지'가 있는 곳으로 바꾸는 활동을 멈추지 않아야 한다. 지금 당장 내가 사는 지역의 문화 행갈이를 바꿀 수 없다고 한탄할 필요도 없다. 어쩌면 '그럼에도 불구하고'라는 담대한 태도가 필요할 수도 있겠다. 우리의 삶은 면면한 것이기 때문이다. 나는 자기 공부를 하고, 자기 스타일과 언어를 획득하며 '한 사람의 혁명'을 하려는 태도가 요청된다고 생각한다. 다시 말해 지역화를 위해서는 '1인칭의 마음'이 필요하다.

철학 없는 행정의 문제를 지적하는 일 또한 중단할 수 없다. 이와 관련해 미국 정치학자 제임스 C.스콧이 『국가처럼 보기』(2010)에서 말한 비유는 흥미롭다. 그는 크리스마스트리 농장이나 전후 일본에서의 삼나무 심기처럼 단일수종 조림造林 사례를 들며 삼림을 하나의 상품 기계로 크게 단순화할 경우, 지금 당장의 성과는 낼 수 있다고 말한다. 그러나 2세대 나무에 이르러선 20~30%에 달하는 생산 손실이 발생하면서 결국 '숲의 죽음'이 시작된다고 말한다. 숲의 다양성이 파괴되었기 때문이다.

제임스 스콧은 이와 같은 폐단을 '행정가의 숲'이라고 비유한다. 그리고 그 대안은 '자연주의자의 숲'이어야 한다고 강조한다. 중앙정부든 기초자치단체든 간에 지역문화 정책의 기조와 비전이 행정가의 숲이 아니라 자연주의자의 숲을 가꾸려는 길이어야 한다는 점은 말할 나위 없다. 그런 정책과 제도야말로 품위 있는 문화사회를 위한 위대한 희망의 원리가 될 것이라고 나는 믿어 의심치 않는다.

평범한 사람들의 비범非凡한 힘

지역의 문화적 행갈이는 바꿀 수 있는가. 가장 먼저 의례적인 의례를 조금씩 협력의 의례로 바꾸는 데에서부터 시작하자. 예를 들어 지역 축제에서 가장 중요한 것이 의례라고 할 수 있다. 하지만 우리나라 축제의 의례는 어디를 가든지 간에 대체로 의례적인 의례를 좀처럼 벗어나지 못한다. 너무나 클리셰하다. 그런 의례적인 의례에서 삶의 파토스 Pathos 가 제대로 분출되지 못한다는 점은 너무나 당연하다. 그렇다고 최근 젊은 세대 사이에서 유행하는 '미라클 모닝'을 비롯한 온갖 루틴 Routine 권하는 소비 중독의 문화가 진짜 의례를 대신하는 것도 아니다. 철학자 한병철이 『리추얼의 종말』(2021)에서 '리추얼과 예식의 소멸은 삶을 생존으로 격하하고 세속화한다.'라고 비판하는 것도 이해된다.

  '시민들을 위하여', '지역을 위하여'라는 레토릭 또한 대부분 위선적인 경우가 많다. 어떻게 자신의 자발적인 에너지의 흐름에 '의하여' 활동을 하려는 토대를 만들 것인가가 더 중요하다. 다시 말해 1인칭의 자세와 태도가 요청된다. 시민들이 사심私心 가득한 아이디어를 제안하고, 아이디어에 대해 서로 즐겁게 지혜를 모으고, 함께 실행하는 과정은 1인칭의 마음에서부터 시작된다. 내가 즐거워야 다른 사람들에게 친절할 수 있는 법이다. 그런 활동들이 축적된다면 내가 사는 지역에서 문화적 행갈이가 조금씩 가능해지지 않을까 조심스레 전망해본다.

  한 해가 저문다. 나는 어떤 삶의 서사敍事를 남겼나 돌아보게 된다. 한 해를 돌아볼 때 나를 가장 설레게 한 일은 2023년 전남 고흥군을 오가며 로컬 매거진《모당모당》을 발간한 일이었다. 네 권의 로컬 매거진을 만들며 고흥이 가진 매력과 로컬리티를 알리는 작업을 했다. 고흥군문화도시센터에서는 문체부 지원을 받아 지역문화활력촉진지원사업(지활 사업)을 추진했다. 문화갑계, 노마드 고흥, 다거점 조성 공共:터, 로컬매거진《모당모당》 발간 같은 사

고흥문화생활지대 페스타 장면.
사람책 토크에서 참여자들이 문화갑게, 노마드 고흥 활동 이야기를 하고 있다.
(ⓒ고흥군문화도시센터)

업들을 지역 주민들을 신뢰하며 함께 걸으며 추진했다. 다시 말해 '동보_{同步}'의 중요성을 발견했다.

  결과는 어땠는가. 지역 사람들이 무얼 가졌고, 그들이 무엇을 원하느냐를 확인하면서 '가능성'을 발견했을 뿐만 아니라 곳곳에서 '현장사례'들을 발굴했다. 그것은 내가 사는 지역의 매력이란 결핍형 모델Deficit Model에서는 찾을 수 없다는 점을 자각한 시민들이 늘어났다는 점에 있었다. 내가 가진 매력자본이 무엇인지를 생각하려는 자산기반형 모델Asset-based Model로 생각을 전환한 시민들이 급증한 데에서 작은 희망을 발견하게 된다.

  우리는 지역소멸보다 더 두려운 것은 이야기의 소멸이고, 서사의 소멸이라는 점을 생각해보아야 한다. 로컬이라서 꿈꿀 수 있는 평범한 사람들의 비범_{非凡}한 힘을 신뢰하며 문화적 행갈이를 지속적으로 모색해야 하는 이유가 여기에 있다. 내가 사는 지역을 더 재미있게 만들기 위해 활동하는 문화예술인과 기획자들의 즐거운 분투가 유례없는 '서사의 위기'를 돌파할 것이라고 믿는다. 다만, 너무 지치지 않기를.

삶의 형식을 담은
행갈이는 가능한가
삶·예술에서 형식 전환의 사례들

소종민
문학평론가, 안톤체홉책방 점원

소사공단

　　지난 11월 3일부터 한 달간, 부천 아트벙커B39에서 〈소사공단 : 기계를 짓는 공장〉이라는 전시가 열렸다. 시각예술가, 사진작가, 문화연구자, 아키비스트, 건축가, 영상제작자가 모여 만든 프로젝트 그룹 'Factory 134 장소 기억연결 프로젝트' 팀이 전시를 진행하였다. 1970년대부터 2000년대에 이르기까지 소사공단에서는 신문 윤전기가 돌아가고 과자와 껌, 맨홀 뚜껑과 펄프가 제작되었다.

　　2023년 12월 말, 완전히 철거되는 소사공단의 마지막 공장. 『또 다른 존재들에 대한 기록』에서 프로젝트팀은 이렇게 말한다. "공장이 생산을 멈추고 나서도 오랜 시간 머물던 기계들이 빠져나간 후, 공장은 비로소 생명을 다한 듯 재빨리 낡아져 갔다. … 공장에서 나온 쇳밥이 땅을 덮은 중에도 풀들은 자라나고 거대하게 한 면을 뒤덮어 세를 확장하는 담쟁이를 보며 적자생존의 '적자'는 강한 자가 아니라, '적응한 자'라는 의미를 뒤늦게 알게 되었다."

　　기능을 잃은 공장지대는 다음을 위한 '제로'가 되어 사라졌다. 공장의 기능이 멈춘 그 사이로 예술가들과 기록자들이 들어갔다. 폐허로 돌아가기 직전에, 공장지대는 순간적이나마 예술작업장이 되었다. 산업 형식이 예술 형식으로 전환된 것이다. 철거된 공장 터에서 자란 갖가지 풀들은 액자에 들어가 기억을 보존하는 예술작품이 된다. 모든 것이 변한다. 견고하고 녹슨 모든 관계는 낱낱이 해체된다. 이 프로젝트는 의미심장한 형식 전환의 사례다. 관람객들에게 알레고리 형식의 예술을 전달하여 산업 이후, 문명 이후를 상상하게 한다.

소사공단 프로젝트 기획전

지역문화는 소멸하지 않는다

민들레식당

곧 칠순을 맞이할 서영남 씨는 2003년 민들레식당을 열었다. 올해로 20년째다.

"점심때가 되면 긴 줄이 설 때도 있다. 그러나 이곳의 밥 먹는 순위는 힘센 사람이 먼저도 아니고, 선착순도 아니다. 가장 오래 굶고, 가장 배가 고픈 사람을 먼저 먹게 한다. 줄 서는 것만 바꿔도 세상이 바뀔 것이라는 서 대표의 철학에 따른 것이다. 서 대표는 '먼저 음식을 받은 분은 양껏 드시지 않고 뒷분도 드셔야 한다고 다른 사람을 배려하는 경우가 많다.'고 자랑한다. 사람들은 노숙인들을 비렁뱅이라고 멸시하지만, 많이 가진 사람들이 더 가지려고 안달하지, 이들은 조그마한 것에도 자족할 만큼 소박하기 그지없다는 게 그의 항변이다. 이것이 서 대표가 이들을 '하느님의 대사'라고 부르는 이유다. 많이 가진 사람들의 욕심은 쉽게 채워지지 않지만, 이들은 조그만 것에도 행복해하니 하느님이 보낸 사람들임에 틀림 없다는 것이다."(한겨레신문, 4월 20일자)

배고픈 사람이 민들레식당(인천시 화수동 골목길 인근)에 토요일에서 수요일, 오전 10시에서 오후 5시 사이에 가면, 언제나 무료로 밥을 먹을 수 있다. 기사에 따르면, 민들레식당에는 네 가지 원칙이 있다. 첫째, 정부 지원을 받지 않는다. 둘째, 기부금을 얻기 위한 프로그램을 열지 않는다. 셋째, 생색내면서 주는 돈은 받지 않는다. 넷째, 조직을 만들지 않는다. 식당을 열지 않는 목요일과 금요일에 민들레식당 식구들은 전국 교도소에 갇힌 형제들을 찾아간다. 서 대표는 노숙인들이 3~4일쯤 머물다 갈 수 있는 환대의 집을 만들 꿈에 부풀어 있다.

　　　서영남 대표와 민들레식당은 선착순이라는 가장 공평해 보이는 오랜 관행을, 가장 오래 굶고 가장 배고픈 사람이 먼저 먹는 형식으로 바꿨다. 가장 빨리 온 자가 아니라 가장 배고픈 자가 우선이라는 생각은 얼마나 놀라운가. 삶이 곧 예술이라면 이러한 삶일 것이다. 민들레식당은 삶의 형식 전환으로 세상의 존재 형식조차 변화시키는 최상의 예술 행위인 셈이다.

1942년의 벽 신문

　　　역사학자 최규진이 최근 펴낸 『포스터로 본 일제강점기 전체사』(서해문집 2023)에는 독특한 포스터 한 장이 실려 있다. 이 포스터[벽 신문]에 적힌 일본어는 이런 뜻이다. "서로 무뚝뚝함과 찌푸린 표정보다는 따뜻한 친절과 예의를, 밝은 미소를 가게 앞에, 창구에, 직장에 넘쳐나게 해서 더욱 밝게, 강하게, 직장에 넘쳐나게 해서 더욱 밝게, 강하게, 유쾌하게 총후銃後의 모든 힘을 발휘하고 정진하여 장기전을 이겨내야 하지 않겠는가!"

　　　포스터의 끝에 '국민총력조선연맹'의 서명이 있는데, 조선총독부가 직접 지휘해서 만든 관변단체이자 대중선전 및 동원 기관이었다. 일제가 1941년 12월 진주만 공습을 감행한 데 이어 동남아시아 전역으로 전선을 확대하던 시기에 이 포스터는 만들어졌다.

가톨릭 수녀들이 민들레국수집에서
노숙인들에게 무료급식봉사를 하고 있다.

삶을 담는 문화 행갈이

1942년 제작된 '벽 신문'은 여성의 감정노동을 강조한다.
도시 곳곳에 부착되었고, 매일신보, 경성일보 등에도 실렸다.

수십만 장이 인쇄되어 전국 대도시 곳곳에 붙여진 이 포스터의 배경엔 흐릿하게 활짝 웃는 여성들의 모습이 배치되었다. 이 포스터를 소개한 최규진은 이렇게 말한다.

"왜 그랬을까? 친절이라는 가치를, 활짝 웃는 여성의 이미지로 가시화한 것은 젠더적 분할을 보여준다. 또한, 대인 서비스업에서 일하는 여성 노동자를 겨냥한 탓이기도 하다. '명랑은 직업을 가진 여성의 재산이다. 고객에게 친절하라.' 그렇게 여성 노동자에게 감정노동을 더 많이 요구했다. 성질 죽이고 일해야 하는 감정노동이야 예전부터 있었지만, 자본주의는 감정 관리를 좀 더 체계적으로 조직했다. '가정은 항구와 같아서 남편과 아들에게 휴식과 위안을 주어야 하고, 주부가 명랑해야 한다.'라는 논리도 있었다. (…) 초등학교 여자 어린이에게도 군복을 만들게 하는 것, 그것이 명랑 운동의 본질이었다. 친절 운동은 단순한 서비스 강화 운동이 아니었다. 온갖 어려움을 달게 받아들이며 전쟁을 명랑하게 뒷받침하라는 뜻이었다. '명랑'은 일제 말 동원정책 때 즐겨 썼던 어휘였지만 해방 이후 단독정부 수립에 즈음하여 다시 사용했다. 그 뒤 박정희 정권과 전두환 정권 등에서도 '명랑화' 운동을 했다."

위 포스터는 화려한 이미지와 경쾌한 문장으로 구성된 예술적 형식이 정치선전의 도구로 전락한, 부정적 전환 사례다. 이 형식은 벤야민이 말한, 바로 '파시즘의 미학화'에 해당한다. 여기에서의 전환은, 개인을 국가로 포섭하여 전선에 배치하려는 군국주의의 필요에 따른 것일 뿐이다. 형식 전환이 늘 긍정적일 수만은 없음을 깨닫게 하는 전형적인 사례다.

형식의 순환

영문학자 캐롤라인 레빈은 '세상 모든 게 형식'이라고 말한다.『형식들』(앨피 2021)에서 레빈은, '형식은 언제나 요소들의 배열, 즉 질서화, 패턴화, 형태화'를 가리키며, '사실상 모든 형태들과 배치들, 모든 질서화의 원리들, 모든 반복과 차이의 패턴들'이라고 본다. 그러므로 '형식은 제한하고, 다수이고, 중첩하고, 이동 가능하고, 상황적'이다. 지금의 자본주의적 생산 관계도 '형식'이고, 대의민주주의 정치형태도 '형식'이다. 즉 사회적인 것, 문화적인 것, 예술적인 것 나아가 일상의 모든 근간에 '형식'이 있다고 보는 입장이다.

생물학자 움베르토 마투라나의『자기생성과 인지』(갈무리 2023)에서 '자기생성 *Auotopoiesis*'은 세포-인체-사회를 아우르는 '살아 있는 체계'의 본질이라고 말한다. 살짝 단어를 변형해 이렇게 말해보자. 우리 '삶의 형식'의 본질은 자기생성에 있다.

마투라나는 체계가 '자기 유지 관성'이 있다고 파악한다. 위의 레빈 역시 '질서화'를 형식의 주된 양상으로 본다. 형식은 인식과 존재의 틀로 작용하므로, 삶의 유지에 필요불가결하다.

하지만 자기 유지의 관성이 극에 달하고, 질서가 욕망의 분출을 억누르며 경직될 때엔, 낡은 형식의 파괴와 새 형식의 창출이 불가피하다. 형식은 삶을 보존하다가 해체된다. 흩어진 조각들이 모여서 다시 삶의 형식을 재건한다.

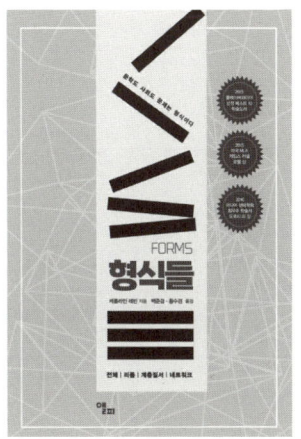

캐롤라인 레빈 작가의 『형식들』 표지

움베르토 마투라나 작가의 『자기생성과 인지』 표지

삶을 담는 문화 행갈이

삶의 테두리를 확장하는 방식

『로컬 씨, 어디에 사세요』 눈여겨보기

최실비
『경기문화저널』 편집위원

서진영 작가의 『로컬 씨, 어디에 사세요』 표지

어딘가의 이야기를 담아내는 일

 강원도 고성의 바닷가 마을에서 책을 만드는 출판사 '온다프레스'는 책을 만든 지 5년이 훌쩍 넘었고, 지역을 주제로 한 단행본을 이미 몇 권이나 출간해 냈다. 그럼에도 온다프레스 박대우 대표는 "그동안 지역 관련 책을 내오면서 지역 담론에 대한 한계를 느꼈다."[1]며, "지역에서 책을 만든다는 것은 어떤 의미[2]인지 정의하기 어렵다."며 고개를 갸웃거린다.
 중앙정부와 정치권에서 지역, 로컬을 강조한 지 꽤 오랜 시간이 흘렀다. 온갖 정책과 제도들이 지역성 강화를 목표로 시행되었으며 지역성 강화는 곧, 지역소멸 위기 극복, 지역경제 활성화의 수단으로 이용되기도 했다. 또한 지방분권 가속화에 따라 정책 단위의 담론으로 오르내리는 지역은 각자도생의 의미로 '알아서 잘 살아가라'는, 책임회피의 명분이기도 했다. 지역이 화두에 거세게 오를수록 지역은 가난해지고 주변부로 내몰렸다. 게다가 오랫동안 서울과 상대되는 개념으로서, 중앙으로부터 '다루어진 지방'의 역사를 가진 한국에서 지역 고유의 이야기를 발굴하는 출판문화는 배제되고 소외되었다. 지역 출판인의 갸웃거림은 어쩌면 당연한 일일지도 모른다.
 정부 차원의 공식적인 출판 관련 법령과 제도도 2002년 김

---

1 양선아, 〈내가 이 도시에 산다면? 30대 청년의 '로컬 담론'〉, 한겨레, 2023. 11. 7.
 "https://www.hani.co.kr/arti/culture/culture_general/1115234.html"
2 박대우, 〈어딘가에는 출판사가 있고 독자가 있다〉, 출판N, 2022. 9.
 "https://nzine.kpipa.or.kr/sub/coverstory.php?ptype=view&idx=553"

대중 정부에 와서야 처음으로 마련되었는데 지역출판에 관한 법적, 제도적 고민은 이후로도 한참이 지난 2015년에야 시작되었다. 그러다 보니 각 지방자치단체에서도 출판을 어떻게 육성하고 지역의 독서문화와 어떻게 연계하면 좋을지 갈피를 잡지 못하고 있으며 출판, 도서관, 서점 등 여러 정책이 따로 놀며 공회전하는 상황이기도 하다[3]. 때문에 지역 출판계는 서울에서 만들어진 책의 소비시장으로서 존재하며 주체적인 생산자 역할을 하지 못해 왔다. 지역은 서울에서 만든 책에 담긴 지식으로 채워져 갔다.

이러한 상황에서 '지역 경제를 부흥시켜야 하는 로컬', '인구를 유입시켜야 하는 로컬'과 같은 구호가 아니라 '새로운 삶의 터전으로서의 로컬', '나의 색깔과 맞는 로컬'처럼 지역 담론의 새 길을 만들어보려는 시도가 있어 눈여겨볼 만하다. 『로컬 씨, 어디에 사세요-나의 거주지 찾기 프로젝트 : 춘천편』(온다프레스 2023)는 서울에 거주지를 둔 30대 청년 1인 가구가 '서울과 수도권이 아닌 다른 지역은 과연 살 만한 곳인가?'라는 질문을 품고 실제 이주 가능성을 이리저리 따져보며 마을 사람들과 삶의 모습, 품은 이야기 등 여러 조건을 살폈다.

---

3   장현정, 〈시민과 지역 중심 출판문화 활성화를 위한 고민들〉, 부산문화재단 정책연구센터 2022. 2. "https://e-archive.bscf.or.kr/27_policy/03_policy_view.php?idx=1717"

내게 맞는 속도로 낯선 골목 걷기

『로컬 씨, 어디에 사세요』는 강원도 춘천문화재단과 강원도 고성의 지역 출판사가 만나 로컬의 본질을 탐구해보자는 기획에서부터 시작됐다. 춘천문화재단과 온다프레스는 '담론으로서의 로컬'을 지양하고 '실제로서의 로컬'을 탐구에 뜻을 모은 뒤 지역 전문 작가인 서진영 작가를 섭외했다. 서울에 사는 대구 출신 작가가 강원도 춘천 이야기를 공공 영역의 지원을 받아 강원도 고성의 출판사에서 출간했다는 점에서 서울 중심의 출판 사례와는 사뭇 다르다. 작가는 팽창된 로컬 담론 속에서 지역성의 상실을 느끼기도 하면서, 로컬이라는 개념이 각 지역이 갖는 고유한 빛까지 품고 있는 것도 아닌데 여기도 로컬, 저기도 로컬, 일단 로컬이라 이름 붙이는 것에 대해 불편함을 느낀다. 수치로 나타나는 성과 말고 정말 살고 싶은, 살기 좋은 동네가 되었는지, 여러 세대에 걸친 인구가 두루 건강한 생활권을 형성하고 있는지, 라는 '삶'의 관점에서 지역을 살펴야 한다며 서두를 시작한다.

 6개월 남짓 나는 춘천의 곳곳을 걷고 또 걸었다. 그리고 여러 사람을 만났다. 취재에는 몇 가지 원칙을 두었다. 일단 이동할 때는 대중교통을 이용하거나 걷는다. 그래야 도시 전반을 '인간의 감각'으로 훑을 수 있을 거라 생각했다. 또한 글을 쓸 때는 '로컬'이라는 말을 애써 쓰지 않는다. 아직 성기고 설익은 개념인 '로컬'을 보기 좋게 흩뿌려 놓기보다는 내가 옮겨놓은 삶의 현장감을 독자들이 느끼면서 그 속에서 그 단어를 어렴풋이 각자 해석해주길

바랐다.[4]

　　지난 수년간 '왜 꼭 서울이어야 하는가'라는 질문을 품고, 서울과 고향이 아닌 다른 지역으로의 이주를 꽤 진지하게 고민하고 있는 작가는 "도시의 인상은 그럴듯한 수식을 단 도시 브랜드보다 도시의 골목골목에서 느껴지는 분위기, 그 속에서 움직이는 사람들의 표정에 달려 있다."며 정책이나 담론이 아닌 일상에 녹아든 진짜 로컬을 찾기 위해 낯선 도시를 한 발 한 발 꼼꼼히 걷는다. 지역 출판물에서 흔히 볼 수 있는 무조건적인, 낭만적 찬양이 아니라 그 지역 사람들과 삶의 현장에 들어가 지역 고유의 색깔을 알아가는 여정은 오히려 독자의 신뢰와 공감대를 얻는다. 길고양이의 안부를 주고받는 사람들, 시청과 명동이 있는 변화가 골목에 쌓아둔 연탄, 그 연탄을 매개로 한 연탄 사용 가구와 연탄 봉사자들의 인적 네트워크, 우연히 들어선 '맡겨놓은 카페'에 시민들이 청소년을 위해 음료를 적립해 두는 방식을 통해 춘천 사람들의 세상살이의 안목이 어느 정도인지 가늠해본다.

　　결국 우리는 자기가 경험한 만큼의 세계에 산다. 인구 30만이 안 되는 소도시에 살면서도 세계시민으로 살아가는 사람이 있는가 하면, 메트로폴리스에 살면서도 고립된 삶을 살아가는 사람도 존재한다. 정해창 목사가 춘천 사람들의 문화적 수준이 높다고 한 것도 이곳이 문화생활을 하기 좋은 환경이고 이 지역 사람들이 전반적으로 공연, 예술에 대한 이해가 깊어서 한 이야기가 아닐 것

4　『로컬 씨, 어디에 사세요?』, 온다프레스, 2023, 9면.

이다. 개개인이 지역사회의 일원임을 인식하고 있는지, 지역사회가 안고 있는 문제에 대해 책임감을 갖고 있는지, 다양한 문화와 배경을 가진 사람들과 더불어 살아가려는 마음이 있는지, 그 정도를 문화적 수준에 빗대어 표현한 것일 테다. 이런 맥락에서 어디까지가 내 삶의 테두리인지, 내 세계는 어떠한지 가늠해보는 일은 곧 '나는 무엇에 관심이 있는가?' '나는 어떤 문제의식을 가지고 있는 사람인가?'와 같은 질문에 스스로 답하면서 내가 어떤 사람인지를 보다 세밀하게 알아가는 과정이기도 하다.[5]

    책은, '그 도시가 살 만한가'라는 질문은 곧 '도시의 문화가 전 세대에 걸쳐 골고루 누려지고 있는가'의 질문과 같다는 점을 짚는다. 이 도시의 여건이 내게는 어느 정도로 중요한 삶의 조건인지 새삼 진지하게 생각하게 한다. 결국 문화라는 것은 개개인이 지역사회의 다양한 문화와 배경을 가진 사람들과 더불어 살아가려는 마음이 있는지, 지역에서 일어나는 문제에 대해 책임감을 가지고 해결하려는 노력을 하는지의 정도로 이루어지는 것일지도 모른다. 그 도시의 이야기를 내 삶으로 들여와 '어디까지가 내 삶의 테두리일까' 고민하게 하는 것은 지역의 서사가 가진 개별성을 보편성으로 확대한 지점이기도 하다. 다시 말해 이 책의 의미는, '서울이 아닌 지역이 미래 세대의 대안 거주지가 될 수 있을까'라는 고민에서부터 내가 살 만한 도시를 찾는 과정을 통해 지역의 서사를 경계 밖으로 꺼내는 것과 더불어 추상적으로 다뤄지고 있는 로컬이라는

---

5 『로컬 씨, 어디에 사세요?』, 온다프레스, 2023, 222면.

개념에 구체성을 더하는 시도에 있다.

소멸에 맞서는 따듯한 땅의 이야기

『로컬 씨, 어디에 사세요?』는 지역의 서사를 기록하기 위해 공공의 영역과 민간이 협력한 사례라는 점도 주목할 만하다. 또한 기존에는 개별 출판사 단독으로 책을 기획, 생산, 마케팅하는 출판 활동이 일반적이었으나, 근래에는 지역 소재 출판사, 소형 출판사 들이 힘을 모아 공동으로 특정 시리즈를 기획하여 동시 출판하고 공동 마케팅을 펼치는 현상이 일어나기도 한다. 이러한 협업적인 출판 방식은 자본 시장에 맡겨 도태됨을 방관하고 있는 것이 아닌, 지역의 삶을 담고 공유하며 지역의 미래를 만들려는 앞장섬이다. 다양한 방식의 협업과 거버넌스가 필요한 이유다.

소비자로서 자본이 잠식한 베스트셀러 판에서 벗어나 따뜻한 땅의 이야기를 듣고, 겪고 싶다. '나의 거주지 찾기 프로젝트, 춘천편'을 부제로 단 지역 시리즈의 출현이 반갑다. 지역 출판물은 혼자가 아니라 함께 길을 모색하는 마음, 그 마음이 모인 과정과 결과를 살필 기회이기도 하다. 나아가 지역의 이야기가 우리의 삶의 변화를 만들어 낼 수 있다는 가능성까지 볼 수 있다. 소멸의 시대, 지역을 주제로 한 책이 많아져 다양한 삶의 모습, 함께 모여 사는 이야기를 애쓰지 않아도 내 주변에서 열어 볼 수 있었으면 한다. '결국 우리는 자기가 경험한 만큼의 세계에 산다.'는 작가의 언어가

뚜렷하게 새겨진다. 지역의 서사를 통해 내 삶의 테두리가 어디까지 넓혀질 수 있을지 궁금하다. 그 확장을 기쁘게 맞이할 수 있게 되길 기대한다.

2017 제주한국지역도서전.
한국지역출판연대는 서울을 제외한 전국의 모든 출판물을 망라해
2017년 제주를 시작으로 '한국지역도서전'을 개최하고 있다.
(한국지역출판연대)

삶을 담는 문화 행갈이

2018 수원한국지역도서전

2019 고창한국지역도서전

지역문화는 소멸하지 않는다

2020 대구수성한국지역도서전

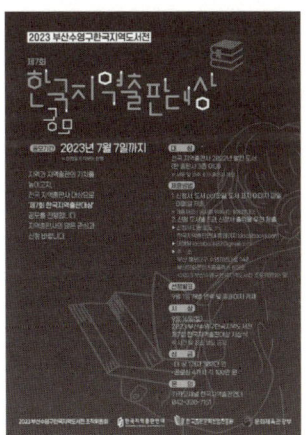

2023 부산수영구한국지역도서전 한국지역출판대상

삶을 담는 문화 행갈이

'코페르니쿠스는 지금도 지역에서 일하고 있다'

〈미래유물전〉은 무엇을 바꾸었나,
정말 바꾸어낸 것은 무엇인가

이동준
이천문화원 사무국장

'죽쒀서 개 주는' 가진 자의 고통을 위하여

'죽쒀서 개 준다'는 속담이 있다. 애써서 한 일을 남에게 빼앗기거나 남에게 이로운 일을 한 결과가 되었음을 이르는 말이다. 처음부터 개에게 주려고 죽을 쑨 것은 아니었겠다. 그렇담 처음 의도는 무엇이었을까? 밥을 지으려고 했을 것이다. 뜨신 밥을 지어 식구들을 먹이고 싶었을 것이다. 그런데 죽이 되고 만 것이다. 경험이 부족했던 탓일까? 아니면 레시피가 없어서? 갑자기 이 속담을 좀더 진지하게 고찰하고 싶어졌다. '죽쒔다'는 말은 부정적인 표현이다. 시험을 죽쒔다는 건 시험을 망쳤다는 뜻이다. 개에게 준다는 말은 또 무슨 의미일까? 개는 이류 등급이다. 내가 대접하고 싶었던 대상은 식구다. 사람이 우선이고 개는 어디까지나 그다음 클래스다. 개에게는 남은 음식을 주거나 부스러기를 던져주면 된다. 그런데 죽이 되고 보니 사람에게 줄 수 없게 되어 버렸다. 버리자니 아깝고 별 수 없이 개에게 고스란히 바치는 꼴이 되고 말았다.

문화플랫폼을 만드는 일도 그렇다. 문화플랫폼은 지역에 새로운 문화의 판을 깔아주는 일이다. 죽쒀서 제대로 개에게 주자는 것이다. 개에게도 금단의 장소인 '올림포스'를 개방하고 특권층에게만 허용했던 '암브로시아'를 먹게 하자는 것이다. 토박이가 아니어도, 지체 높은 가문이 아니어도 이제는 창고를 열고 누구나 와서 가져갈 수 있게 해야 한다. 지역 아카이브도 지역 콘텐츠를 위한 원천 소스를 제공한다는 의미에서 보면 그런 개방된 플랫폼이 되어야 마땅하다. 한국문화원연합회는 2022년 창립 60주년을 맞아 '대한민국 문화플랫폼'이라는 슬로건을 내걸었다. 지역문화의 플랫폼이 되겠다는 선언이다. 문화원이 그동안 한 일이 지역에 있는 여러 기관과 단체, 주민들에게 이로운 일이 되었다면 앞으로도 문화원은 죽쒀서 남에게 주는 일을 계속하라는 지엄하신 분부다.

그런데 이 분부는 왠지 속상하다. 속상해 할 필요가 없는데 이상하게도 속이 뒤틀리고 아프기만 하다. 한국전쟁이 끝난 후 당장 먹고사는 일도 힘겨운 폐허 속에서 문화원은 지역에 있는 유일한 문화단체로 황무지 같은 지역에 문화의 씨를 뿌려온 선구자였다. 어떻게 지켜온 지역이고, 어떻게 가꿔온 문화인데 지금 창고를 열라니 그게 말이 돼? 문화플랫폼이 되라고? 문화원은 생각하고 또 생각한다. 수익이 생기는 것도 아니고 알아주지도 않는 일인데 이 멍에를 계속 짊어질 필요가 있을까? 억지로 사명을 감당할 수는 없는 일. 문화원은 문화플랫폼이 될 수 있을까? 문제는 간단하다. 인식의 틀만 바꾸면 된다. 문화원은 창고를 지키는 사람이었을 뿐 창고의 주인은 아니라는 인식.

'상 하나 돌려놓으면' 세상이 바뀐다

플랫폼이 되자는 건, 판을 새로 깔자는 의미다. 형식을 바꾸자는 말이다. 문화원은 그동안 내용에만 집착해왔다. 내용은 콘텐츠라고 보면 되겠다. 그러니까 문화원은 지역에 관한, 지역의 고유한 문화에 관한 원천 없다고 생각했다. 왜? 그것이 문화원의 '밥

줄'이니까. '아끼다 똥 된다'는 말이 있다. 너무 아끼다 쓸모없게 된다는 뜻. 아무리 좋은 거라 해도 모셔만 두면 '무슨 소용 있나요?' 그러니 문화원들이여, 적절한 때 쓰는 게 현명하지 않을까? 이제 시대는 문화원에게 그 밥줄을 놓으라 명한다. 아낌없이 내놓으시라. 군말이 필요 없다. 그것도 친절하게 잘 애용할 수 있게 판을 차려놓고 제대로 초대하시라는 말씀이다. 누구를? 바로 지역의 주민이다. 우리가 죽쒀서 별 수 없이 준다고 생각했던 그 이류 등급이시다. 알아보시겠는가?

내용은 형식이 있어야만 구현이 될 수 있다. 형식에 따라, 어떤 방식으로 배치하느냐에 따라 그동안 몰랐던 가치도 드러난다. 하지만 형식이 만능은 아니다. 형식도 내용이 없으면 빈 껍데기에 불과할 뿐이다. 이걸 칸트는 '내용이 없는 사유는 공허하고, 개념이 없는 직관은 맹목적이다.*Thoughts without content are empty, views(intuitions) without concepts are blind.*' 라는 유명한 문장으로 표현했다. 칸트는 인간의 사유형식을 근본적으로 뒤흔들어 놓은 철학자다. 사람들은 사물을 인식할 때 그 사물의 인식이 사물에 달려 있다고 생각했다. 칸트는 아니라고 생각했다. 사물을 인식하는 일은 우리에게 달려 있다. 우리는 우리가 가진 감각을 통해서 들어온 것만을 인식하고 우리가 가진 개념을 통해서만 그 사물을 인식할 뿐이다.

이것을 사유방식에 있어서 '코페르니쿠스적 전환'이라고 말한다. 왜? 그동안 사람들은 지구를 중심으로 모든 천체가 돈다고 생각했다. 태양도 말이다. 그런데 관찰해보니 지구가 태양 주위를 도는 거였다. 인간의 인식도 그렇다. 우리는 우리 눈에 보이는 사물

쾨니히스베르크(현재는 러시아의 영토로 편입되어 있으며 '칼리닌그라드'로 불린다)에 있는 칸트의 동상

세상을 보는 방식의 혁명적 변화를 가져온 니콜라우스 코페르니쿠스
(by Jean-Leon Huens / National Geographic Stock)

지역문화는 소멸하지 않는다

만을 인식할 뿐인데 사물을 있는 그대로 인식한다고 생각했다. 천만의 말씀. 중세에는 신의 존재 증명을 위해 모든 지식을 동원했다. 스콜라신학이 그랬다. 그리고 신의 존재를 증명했다고 믿었다. 칸트는 인간의 이성은 현상계를 넘어선 그런 초월적인 세계에 적용할 수 없다고 했다. 공기의 저항을 느끼는 비둘기가 진공상태에서는 더 잘 날 수 있을 거라고 믿는 착각.

  1897년 해월 최시형이 경기도 이천 설성의 앵산동에 피신해 있을 때다. 우리는 제사상을 차릴 때 벽 쪽에 신위를 두고 음식을 차린다. 그쪽에 신이 내리기 때문이다. 벽을 향해 제사를 차리는 향벽설위다. 그런데 해월신사는 이 제사상을 거꾸로 돌려놓으라고 했다. 어안이 벙벙했다. 그리고 절하라 했다. 무슨 의미인가? 나를 향해 절하라는 것이다. 조상님께 절하지 말고 내 안에 모신 한울님께 절하라는 것이다. 과거의 제사는 죽은 사람, 귀신이 중심이었다. 향아설위向我設位 제사는 살아 있는 사람, 나와 후손을 중심에 둔다. 제사에 대한 인식이 바뀌고 제사의 주체가 바뀌고 제사상의 방향이 바뀌었다. 천지가 개벽할 제사 예법의 '코페르니쿠스적 전환'이다. 이제는 나약하고 힘없는 백성이라고 깔보지 말아라. 다 한울님을 그 안에 모시고 계시다.

지역문화의 새판 깔기

  문화원은 그동안 형식 없는 내용만 붙들고 있었다. 그래서 맹목적이었다. 공허하게 벽을 향해 절하고만 있었다. 시민이 없는 벽 쪽은 공허하기만 하다. 지금 문화원은 어느 쪽을 바라보고 있는가? 2023년 5월, 국가유산기본법이 제정되었다. '문화재'라는 용어는 이제 사라지고 없다. 개념이 180도 달라졌다. 과거의 유물은 '문화재Property'였다. 어디까지나 과거 중심이고 물건이 중심이다. 미래의 유물은 '유산Heritage'이라 부르는 게 좋겠다. 이것도 커다란 개념 전환이다. 미래 중심이고 후대에 물려주는 것이고 삶의 경험과 양식을 담아내는 것이 핵심이다.

    언제부턴가 경기도문화원연합회가 팔을 걷어붙였다. 문화 플랫폼이 되기 위해서다. 앞으로 경기도에 있는 문화원들이 각자의 지역에서 바로 이 '죽쒀서 남에게 주는' 일을 잘 할 수 있도록 독려하고 지원해야 하기 때문이다. 경기도문화원연합회의 지난 10년의 활동을 되돌아보니, 그동안 역점을 두고 추진해온 사업이 몇 가지 눈에 들어온다. 그 가운데 최근 들어 경기도의 지역문화에 새로운 변화를 몰고 온 사업을 꼽는다면 〈경기도민속예술제〉, 〈페스티벌31〉, 그리고 〈미래유물전〉 세 가지를 들 수 있겠다. 이 사업들은 경기도 31개 시·군이 다 함께 모여 참여하는 대표적인 문화예술행사이기도 하다.

    〈경기도민속예술제〉는 31개 시·군이 그해 대회를 유치한 지역의 공설운동장이나 체육관에 모여 경연을 벌이고 이를 심사하여 시상하는 방식으로 진행해왔는데 코로나19 팬데믹을 거치면서 커다란 방향 선회를 했다. 이전에는 한 장소에 31개 시·군이 다 모여서 경연대회를 하고 이를 심사하는 방식이었다면, 이제는 지역을 일일이 찾아가 그 민속이 실제 이루어지는 동네에서 시연하는 것을 보고 심사하는 방식으로 콘셉트를 바꾼 것이다. 심사의 기준도 이전엔 그 민속의 원형과 얼마만큼 가깝게 '복원'하느냐가 중점이었다면 이제는 그 민속이 얼마나 그 지역의 주민들과 일상에서 조화롭게 '재현'되고 있느냐에 방점을 찍고 있다.

〈페스티벌31〉은 콘셉트를 어떻게 가져가야 할지 여러 번 치열한 고민과 토론이 있었던 것 같다. 〈페스티벌31〉은 2014년 처음 시작되었을 때는 '생활문화축제'를 표방했었다. 당시에는 생활문화가 뭔지 개념 정의도 불분명했고, 생활문화의 영역은 문화원이 아닌, 문화재단의 주된 영역으로 간주하던 시기였기에 다른 문화기관들이 펼치던 생활문화동아리 사업과의 변별력이 필요했다. 문화원이라면 이런 범용형 생활문화에서 벗어나야 하고 고답스런 과거의 복원과 답습에서도 벗어나야 한다. 그래서 〈페스티벌31〉은 각 지역의 고유성과 다양성이 발견되고 어우러질 수 있도록 '지역특성화박람회'로 콘셉트를 전환하게 된 것이다.

〈미래유물전〉은 문화원이 앞을 보지 못하면서 붙들고만 있던 내용에 새로운 눈을 부여하고자 했던 프로젝트였다. 〈미래유물전〉은 과거 그 지역의 정체성과 현재를 살아가는 지역민의 일상적 삶을 보여주는 전시를 통해 우리의 어떤 모습이 미래세대에 전승되고 기억될까를 고민하게 만드는 기획전시이다. 그런데 이 전시 프로젝트는 이름부터가 모순이었다. 〈미래〉와 〈유물〉은 '둥근 사각형', 또는 '네모난 원'처럼 성립할 수 없는 말이다. 이런 모순이 모순이 아닌 것으로 보이기 위해서는 우리의 이해의 지평이 더 넓어

2023년 오산에서 열린 미래유물전은 '창조적 반복'이라는 주제로, 일상에서 지루하게 반복되는 행위를 문화로 승화시킨 지역장인들을 조명했다.

져야 한다. 그동안 우리는 우리 자신의 눈으로 지역을 바라보지 못했다. 지역 밖에서, 지역의 위에서 바라보는 시선만이 우리가 아는 전부였다. 그래서 지역 안에서 스스로를 바라보는 관점의 전환이 필요했다.

지역에서 살아온, 살아가고 있는 평범한 사람들의 구전과 이야기 속에서 지역을 바라보는 지역민의 시선이 이미 녹아 있음을 발견하는 것이야말로 이 프로젝트의 핵심이 아닐까? 내부자의 시선은 지역에 이미 존재했고 그걸 다시 재발견하는 과정이 〈미래유물전〉이 되어야 한다는 말이다. 〈미래유물전〉이 그 지역에서 의미 있는 전시가 되려면 문화원 직원은 적극적인 기획자로 참여해야 하고 주민들은 전시의 대상이 아니라 주체가 되어야 한다. 하지만 전시는 이런 부분을 선취하기보다는 '전시행사'라는 결과물을 내야 하는 강박에서 벗어나기는 어려웠다. 그런 어려움 때문이었는지 올해 오산에서는 탐구의 범위를 어느 한 지역에서 여러 지역으로, 그리고 탐구의 소재와 주제를 매년 달리하는 방식으로 변화를 주었다. 지역문화의 방향성을 쉽게 찾아내고 공감대를 확산해간다는 측면에서 지역민의 관심이 더 높아지리라 기대해 본다.

지방문화원, 안 해본 일을 해보기!

2023 문화가 있는 날 지역협력형 기획사업 리뷰

김현수
한국문화원연합회 지역문화사업팀장

지역협력형 기획사업의 문제의식

　　2016년부터 전국의 다양한 문화시설 및 기관들이 '문화가 있는 날'(이하 문날)을 맞이하여 일상에서 손쉽게 접할 수 있는 행사 및 프로그램을 운영하라는 취지로 '문화가 있는 날 참여시설 활성화' 사업에 참여하게 된 지방문화원은 적은 예산으로 더 많은 참여기회를 주기 위해 소액다건의 방식으로 운영되었다.

　　그러나, 소액다건 사업의 효과성에 대한 의문과 함께 보다 양질의 프로그램 개발이 필요하다는 전문가의 의견에 따라, 2023년부터는 새로운 방식의 접근이 필요했고, 기존 방식을 대체하는 형식의 변화는 그렇게 비자발적으로 시작되었다.

　　당장 머릿속은 복잡해졌다. 소액다건이 아닌 예산 규모를 확대한다면, 과연 참여하는 지방문화원에는 어떠한 미션과 역할을 주어야 할 것인가? 그것이 문화원의 현실에 맞는 것일까? 또는 문화원의 장점을 살리면서 지방문화원이니까 가능한 사업이었구나! 라고 생각할 수 있는 것은 무엇일까? 사업예산은 많으면 많을수록 좋겠지만, 기존에 해오던 것을 강화하고 안 해본 것을 통해 문화원의 경험치를 높일 수 있는 방법은 무엇일까?

　　'지방문화원 지원 육성에 관한 기본계획'(2021)에 따르면, 지방문화원 현황 진단에서 지방문화원은 지역민·지역문화 분야에 대한 높은 이해도와 풍부한 원천 콘텐츠를 보유하고 있지만 부족한 인력과 지역문화기관 및 단체의 증가로 인한 기능 중복과 경쟁의 위협을 받는 것으로 나타났다. 이에 정책 방향성으로 '지방문화원의 강점과 자원을 활용할 수 있는 사업발굴', '지역 내 문화기관과 협력관계 확대' 등이 제시되었다.

이러한 자료에 따라 지방문화원이 가진 지역문화에 대한 높은 이해도를 바탕으로, 부족한 인력구조를 보완하고 지역 내 문화기관과의 협력의 중심 역할을 경험하도록 '2023 문화가 있는 날 _ 지역협력형 기획사업'이 탄생했다.

사업의 기본 조건은 지방문화원 단독으로 진행하는 것이 아니라, '문화가 있는 날'을 매개로 지역의 다양한 문화기관·단체 (7개 이상)가 참여하는 지역협의체를 구성하여 함께 공동으로 프로그램을 기획, 운영하는 것이었다. 이 과정에서 지방문화원은 지역의 문화중심 기관으로서 역할을 이어가고, 참여하는 각 단체 및 기관들은 협력사업을 통해 상호 역량을 강화하고 공동 운영을 통한 시너지를 극대화하고자 했다. 이를 통해 지역 주민들은 양질의 프로그램을 경험함과 동시에 지역문화의 다양성 및 내가 살고 있는 지역의 정체성도 다시금 깨닫게 하는 것에 중점을 두었다.

이와 함께, 다소 막연한 미션이 어려울 수 있는 지방문화원을 위해, 사업선정 과정을 보다 촘촘히 설계했다. 총 3차(1차 서류, 2차 컨설팅, 3차 PT)에 걸친 심사과정을 통해, 사업에 참여하고자 하는 지방문화원이 기존 문화원 단독으로 하던 대로의 관습에서 벗어나, 늘어난 예산과 사업 미션을 각 지역별로 참여단체와 어떻게 접근해야 하는지 심사 과정을 통해 현장에서 진행될 사업방향과 방법을 보다 구체화시킬 수 있도록 도왔다. 또한, 최종 선정된 4개 문화원에는 본격적인 사업이 시작되기 전에 전문가 현장 컨설팅을 지원했다. 동 사업에 참여하는 지역기관 및 단체가 함께 자리한 현장컨설팅에서 동 사업의 취지와 함께, 문화원과 참여기관의 역할 및 공동의 목표에 대해서 소개하고 이해하는 시간을 가졌다.

부산 금정문화원 :
금정산성 18845 브랜드 가치 찾아

부산의 금정문화원에서는 지역의 역사문화 자원인 금정산성을 소재로 지역의 청년단체와 지역문화재단과 협업한 문날 프로그램을 기획하였다. 국내 최대 길이인 금정산성의 실제 길이 1만 8,845m와 역사 자원의 가치를 지역 주민에게 알리고자 했던 당초 계획은 2차 심사로 진행된 컨설팅을 통해 방식과 장소가 변경되었다. 문화원은 교육특구, 대학가가 많은 금정구의 특징을 반영하여 젊은 청년이 많이 몰리는 온천천 어울마당에서 〈18845 문화 Day _ 슬세권에서 마음껏 노닐다!〉라는 주제로 금정산성의 역사적 가치와, 지역 명주인 금정막걸리를 매개로 젊은 청년세대와 소통할 수 있는 프로그램을 구성했다.

기존 문화원 인력으로 할 수 없는 부분을 금정문화재단과 협업을 통해 지역 내 다양한 청년문화단체를 만나서 지역적 특성을 보다 잘 드러낼 수 있는 프로그램을 고민하며 행사를 공동으로 기획했다. 또한 지역에 있는 대동대학교 호텔 소믈리에&바리스타 학과 학생들과 함께 전통 막걸리에 맞는 상차림도 시연하며 지역

사회에서 다양한 주체들이 문화적으로 어울릴 수 있는 기회를 마련했다. 이를 통해 청년세대와의 협업을 통해 기존 어르신 중심의 문화원 이미지를 젊게 충전하고 지역사회에서 문화원의 역할과 인지도를 높일 수 있었다. 또한 지역 주민들에게 금정산성에 대한 호기심을 불러 일으키고 금정지역을 상징하는 아이템을 발굴하는 계기가 되었다.

충남 예산문화원 :
축제기획학교와 생활 밀착형 프로그램 개발

충남 예산문화원에서는 기존에 진행하고 있는 축제기획학교의 주민 기획자 그룹과 함께 〈예산문화점빵 : 소확행〉이라는 주제로 문날 프로그램 진행했다. 예산은 군 단위의 지역으로 내포신도시 개발 등으로 젊은 층의 유입은 늘어나고 있으나, 이들의 문화적 욕구를 수용할 수 계기가 많이 부족했다. 이에 예산문화원은 기존 발굴·수집한 예산의 역사 인물과, 지역 문화동아리, 지역명소와 연계한 월별 테마를 기준으로 주민기획자와 지역작가, 협동조합 등 다양한 주체들과 함께 기획했다. 전체 행사의 틀과 구성은 문화원이 중심을 잡되, 참여하는 단체 및 주체들에게 세부 프로그램 기획공모를 추진했고, 협의를 통해 선정된 내용으로 전시 및 체험, 공연 프로그램을 기획했다.

예산 지역축제도 함께 기획하고 준비한 경험이 있던 터라

 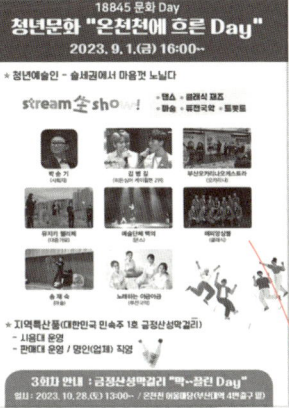

금정 문화행사 포스터

금정 문화행사 사진

삶을 담는 문화 행갈이

예산 문날 행사 사진

협의와 준비의 과정에서 큰 어려움은 없이 진행되었다. 축제기획학교에 참여한 주민 기획자들 대부분이 새롭게 유입된 젊은층이 많았던 관계로, 자연스럽게 아이들과 가족 단위로 즐길 수 있는 프로그램들이 새롭게 기획되었다. 문화원은 이들이 자유롭게 문날을 기획하고 운영할 수 있는 판을 만들어 주면서 기존 문화원의 한계를 넘어 지역주민 생활 속으로 밀착한 문날 프로그램을 운영할 수 있었다.

전남 완도문화원 :
섬섬마다 문화로 가득히, 지역의 숨은 인재 발견

전남 완도는 잘 알려진 바와 같이 265개의 크고 작은 섬으로 이어진 지역으로 문화활력지수가 취약한 곳이다. 완도문화원은 문화원의 인적 네트워크를 활용하여 섬마을로 직접 찾아가는 문날 프로그램을 진행했다. 이때 부족한 기획인력과 운영 일손을 완도로 귀촌하여 살아가고 있는 젊은 예술가들을 찾아내 워킹그룹으로 참여시키는 것으로 보완했다. 여기에는 뮤지컬 배우, 음악가, 전래놀이 강사 등 다양한 숨은 지역 인재들이 참여하였다.

이들은 각 섬의 특징은 무엇인지, 해당 지역주민들은 어떤 문화 프로그램을 원하는지, 또한 해당 지역의 사람들은 어떤 생활을 하는지 등을 반영한 프로그램을 구성해보라는 현장 컨설턴트의 조언에 따라 '약산', '소안' 등의 지역을 직접 찾아가 지역주민의 의견도 들어보는 등 직접 발로 현장을 뛰었다. 또한 워킹그룹 워크숍을 통해 사전 프로그램 체험도 해보고 보완사항 및 각자 역할을 조율하며 하나씩 협업의 틀을 만들어갔다. 이와 함께 각 섬마다 있는 문화원 회원들을 활용, 다양한 문화시설 및 기관(국립공원공단, 소안항일운동기념관, 마을이장회, 주민자치센터, 약산치유의 숲 등)과의 적극적인 협력을 유도, 지역적 특성(지역 자생 약초차 체험, 힐링콘서트, 소안무궁화마그넷, 역사특강 등)을 반영한 다양한 프로그램을 공동으로 기획, 운영했다. 추후 이들은 문날 행사 기획, 운영 경험을 살려 지역교육청의 초청 프로그램 및 문화재청 공모사업에도 함께 참여하는 등 지속적인 연계 협력의 틀을 이어가고 있다.

경남 산청문화원 :
협의체와 함께 문화로 꽃 피운 지역문화 네트워크

경남 산청은 문화예술을 접할 기회가 부족한 농촌지역으로, 산청문화원을 중심으로 산청지역의 역사와 지역적 문화유산을 활용하여, 지역 내 다양한 문화예술단체들과 함께 산청지역의 문화적 특징을 체감할 수 있는 문화 프로그램을 기획, 운영했다. 5월에는 산청지역의 역사와 문화자원을 활용한 '산청아 놀자', 6월에는 국악계의 위인 박헌봉 선생을 소재로 한 '전통아 놀자', 10월에는 목화 시배지인 산청의 특징을 활용하여 '목화야 놀자'라는 세부 주제를

완도 모닥모닥 섬대대축제 메인포스터

완도 모닥모닥 섬대대축제 체험활동

삶을 담는 문화 행갈이

바탕으로 총 14개 단체가 13건의 행사를 함께 진행했다.

지역협의체에 참여한 이들은 본격적인 문날 행사를 진행하기에 앞서, 참여단체 실무자만을 위한 문날 체험 워크숍을 통해 지역 주민들에게 문날 사업의 필요성과 중요성을 몸소 깨닫고, 공동 기획·운영 과정을 통해 문화역량을 강화하고 혼자가 아닌 '함께'의 가치를 경험했다. 이후 기산국악당은 전통 국악 프로그램을, 지리산도서관은 산청 곶감을 활용한 인형극과 체험 프로그램을, 지역의 공방은 지리산에서 나는 약초를 활용한 염색과 산청의 고령토를 활용한 도자기체험 등 각 협력기관의 특색에 맞춰 다양한 프로그램을 운영했다.

이때 산청문화원은 기존 문화원 단독으로 사업을 진행하던 방식을 바꿔 문날 사업의 주관기관이자 협의체의 중심축으로써, 각 단체별 진행 상황을 조율하고 운영을 지원하는 역할을 했다. 당초 A부터 Z까지 행사의 모든 것을 총괄하던 것에서, 협력기관에게 자율성을 주고 해당 프로그램들을 지원하는 형태로 한 발 물러나 기존 문화원 직원들의 업무 강도는 줄이되, 프로그램의 다양성과 질적 완성도를 높일 수 있었다. 이러한 사업방식의 변화는 지역 주민들이 지역의 다양한 문화기관·시설을 통해 양질의 문화 프로그램을 경험할 수 있게 했으며, 더불어 산청지역의 문화적 특징과 가치를 발견하며 내가 사는 지역에 대해 보다 더 잘 알게 했다. 또한 참여한 기관(단체)들은 문날을 매개로 형성한 지역 네트워크를 활용하여 자발적으로 사업을 연계해나가고 있다.

한편, 산청지역의 문날 프로그램의 대상이었던 장애인 거주

산청 곶감 다식 및 차 시음

산청 국악당 힐링캠프

삶을 담는 문화 행갈이

시설 '이레마을'의 장애청년들은 5월엔 프로그램 수혜자로 참여했으나, 6월에는 기산국악당에서 펼쳐진 국악공연의 합창공연자로 참여하게 되면서, 프로그램의 수혜자에서 주체자로 변화하는 경험도 하게 되었다.

형식의 변화, 안 해본 것을 하는 것

변화의 요구에 따라 호기롭게 지방문화원의 강점과 자원을 활용하여 문화원이기에 잘 할 수 있는 사업을 해보자고 시작했지만, 막상 어느 부분까지 가능하다고 받아들일지 걱정됐다. 이에 해왔던 것과 전혀 다른 것을 요구하는 것이 아니라, 해왔던 것을 하면서 막상 현장에서는 쉽게 하지 못했던 것을 해보는 것으로 사업의 방식과 틀을 바꿔봤다. 총 3차에 걸친 심사과정을 통해 단순히 지역 기관(단체)과 공동 진행, 업무 분장으로 접근하려는 시도들에 대해 접근법을 달리해 주길 요청했고, 현장 컨설팅을 통해 지속적으로 동 사업에서 문화원의 역할과 참여기관 및 단체의 역할을 고민하게 했다.

참여 문화원들은 기존에 문화원 혼자서 추진하던 사업 방식을 벗어나 문화원 내부에만 국한된 시야를 지역의 다양한 기관 및 단체로 넓혔다. 비록 실무 인력은 부족하지만, 지방문화원이 오랜 기간 지역문화사업을 해왔던 경험을 바탕으로 지역 단체와 지역의 인적자원 등을 결합하는 중심축의 역할을 하면서 문화원의 인지도와 역할을 알렸다. 이를 통해 문화원의 강점을 살리고 약점을 보완하며, '협력', '협업'을 통한 시너지를 확인해보는 시간을 가졌다.

기존에 하던 것과 전혀 다른 것을 도전하는 것은 어렵다. 그러나, 해왔던 것을 바탕으로 조금만 시야를 넓혀 형태와 방식을 바꿔보면, 또 다른 길을 발견할 수 있지 않을까? '2023 문화가 있는 날 _ 지역협력형 기획사업'에 참여한 4개의 문화원은 기존 사업 방식의 변주를 통해, 지방문화원이 지역사회 내에서 할 수 있는 일, 해야 할 일, 잘 할 수 있는 일을 찾아보는 시간이 되었기를 바란다.

생활문화,
납작한 형식과 인식의 틀들

임재춘
문화기획자, 커뮤니티스튜디오104 대표

생활문화가 무엇입니까 물으면,
'삶을 묘사하는 일' 이라고 말하겠다

　　2011년 한 광역문화재단의 중간관리자로 일할 때, 팀에서 맡고 있는 프로젝트를 도와줄 한 친구가 왔다. 대학교 4학년의, 여성이면서, 사회학을 전공하고, 그림 그리기를 좋아하고 재주도 있었던, 교회를 열심히 다닌다던 청년은 문화예술에 관심이 많아 문화재단에서 어떤 역할을 한다는 것에 대한 기대감이 가려지지 않았던 첫 얼굴이 지금도 선명하다. 서른 일곱이 된 청년이 11월에 결혼을 하게 되었다며 소식을 알려와 오랜만에 다른 지인과 자리를 만들어 오붓한 축하를 미리 했다.

　　일 년에 한 번 볼까말까한, 몇 년에 한 번 보아도 마치 어제 만난 사람들처럼 떠들어대는 우리 셋의 대화는 자연스레 각기 다른 사회, 문화적 계약 형태로 타인과 동거하며 살아가는 우리 각자의 모습과 격한 시간에 관한 것으로 흘러갔다. 여성, 문화예술판에서 일한다는 것 말고는 아마 공통점이 없을 우리들의 매우 사적이고 개인적인 경험들은, 조금 떨어진 시선에서 보면 여성과 결혼, 가족이라는 사회적 단어를 둘러싸고 우리 사회가 오랫동안 떠안고 있는 문제적 현상의 단면 자체이기도 하다.

　　우리는 여러 감정의 사건들을 통해 본능적으로 움찔할 줄만 알았던 공기 같은 삶의 순간들을 말로, 글로, 문화와 예술의 (탈)형식으로 때론 힘을 주어, 또 때로는 힘을 빼고, 또 때로는 축 늘어진 채로 말해왔던 것은 아니었을까. 문화활동을 하는 이의 작업이면서 견디는 일이고, 지금보다 조금 더 나아지기를 바라는 삶에 대한 열망이었다고 말할 수 있을 것 같다. 나는 이것을 '삶을 묘사하는 일'이라고 표현해보고자 한다. 그래서 그녀 1의 기획이 죽음을 잘 말하는 것이고, 그녀 2의 작업이 넉넉지 않은 형편에도 불구하고 고용된 안정감에 연연하기보다 살갑지 않았지만 오랜 시간을 함께 보낸 그녀의 반려묘를 모티브로 그림을 그리고 이를 투사한 직물 작업을 하며, 그녀 3의 작업이 의도적으로 '다 정하지 않음'을 통해 과정과 함께 하는 사람을 신뢰하고 지지하며 당장 그럴듯하게 드러날 수 없는, 그들과 만들어가는 시간의 힘을 빌어 이야기의 깊이를 만들어 가는 방식일 수밖에 없다.

    좋은 문화기획, 좋은 생활문화기획, 활동이 무엇인지는 몰라도 이런 것들이 살아 있는 문화기획이라 할 수 있지 않을까. 삶을 묘사하는 일은 삶을 반복적으로 되돌아보며 머뭇거리는 행위다. 삶의 자리, 관계, 요소의 복잡함들이 끄집어내어지고, 자신을 해치지 않는(소외시키거나 증명해야 하는 강박, 이를 유발하는 원인 등) 의미의 위치에 생각이나 상황 등을 이리저리 재배치하도록 이끈다. 자연스레 깨닫게 되는 복잡함 덕분에 재배치의 경우의 수가 많아져 배치하는 행위 자체가 주는 재미가 극대화된다. 안 하던 것을 해본다거나 글을 쓰고, 책을 보며, 대화를 나누기도 한다. 예술가의 이상한 작업에 참여하기도 하고, 자기 속도와 여력만큼 농사를 짓거나 밥을 해먹으며 서로의 이야기에 닿으려고 조심스레 관계의 문을 두드리기도 한다. 같이 하기도 때로는 홀로 고독한 시간을 통해 여러 방식을 취한다. 심지어 의도적으로 단절하고 거리를 두는, 아무것도 안 함으로써 적극적인 실천이나 참여의 의미가 생성되는 경우도 있다.

자기 삶을 당차게 살아가는 과정과 생활문화 활동이 자연스레 동행하는 이들을 곁에서 보면 생활문화 활동을 하는데 드는 수고와 분주함에도 불구하고 계속하게 만드는 재미는 이런 맥락의 것들이다. 그런 의미에서 공공적 가치로서 만들어가야 할 생활문화는 선명하고, 단순한 것들과의 다툼, 즉 삶을 '빨리, 쉽게, 많이'의 형태로 '전달'되지 않도록 하는 의지가 필요하다. 이런 토대가 되었을 때 서사라 불리는 이야기가 등장할 수 있기 때문이다.

납작한 형식, 제공의 인식틀들

그러나 둘러보면, 생활문화 활동의 다수는 문화적으로 경제적으로 낙후하거나 결손이 있다고 여겨지는 동네나 사람들에게 노래, 연주, 춤, 그림, 공예 등을 보고 듣거나 만드는 기회를 제공할 뿐이다. 사실 이 부분도 엄밀하게 보자면, 생활문화 활동에서 기회를 제공받는 이들은 연희를 하는 그들 자신이다. 그들의 공연을 들어주고 보아주는 기회를 다른 시민들이 무대에 선 이들에게 제공하는 것이라 보는 게 적절한 경우가 훨씬 많다고 여겨지지만 제공자의 인식은 그게 아닐지도 모른다는 정반대의 입장을 상상하기 어렵게 한다. 그러나 무엇이 되었든 이 제공은 문화예술을 향유하는 것, 향유 기회가 되는 것과는 다른 의미다.

생활문화 활동에서 제공자가 갖는 시혜적 태도는 누구보다도 제공자로서 자신의 위계적 입지를 만든다는 데 많은 문제가 있다. 대상으로 지칭된 사람들로 하여금 그 위계를 인식하게 함으로써 그것에 의지하게끔, 스스로는 모른다거나, 할 수 없다, 나는 하지 않아도 된다는 수동적 태도를 유발한다. 이런 현장에서 서사를 발견하기는 어렵다. 되려 그런 형식들에 유심히 보아야 보이는 낮은 삶들이 가려지고, 무감각해지며 결과적으로 은폐되기도 한다.

안타깝게도 많은 이들이 생활문화의 대표적인 형식이라고 알고 있는 동아리, 동호회가 보여주는 활동과 구조에서 어렵지 않게 목격되는 것이기도 하다. 우리가 말하는 문화적인 삶이라는 것이 각자의 관계나 삶의 상황에서 마땅히 다 다르게 이해되고 받아들이는 것이겠지만, 우리의 이해는 개별의 이야기가 발견되고, 목격되거나, 드러나지 않으면 성립할 수 없다. 지난 봄, 어떤 합창단 운영자들과 나눴던 어색한 대화를 떠올려보면, 어떻게 이런 활동을 시작하게 되었냐는 물음에 돌아온 '노래를 좋아하는 사람들이 모여 노래를 부른다'는 회신은, 배가 고파서 밥을 먹었다, 심심해서 놀았다, 졸려서 잠이 들었다는 말과 다르지 않다. 학교에서 돌아온 아이에게 엄마가, "학교 어땠어? 재밌었어?" 하고 물으니, "응" 하고 돌아선 아이의 뒷모습을 마주할 때 느끼는 엄마의 헛헛함과 닮아 있다.

동아리나 동호회라는 형식 자체가 문제인 것은 아니다. 또한 그 형식을 갖고 있는 활동 단위들이 모두 그러할 것이라고는 더더욱 생각지 않는다. 어떤 면에서는 동아리가 억울하겠다고 여겨지는 부분도 있다. 허나, 특히 문화정책, 지역문화라는 제도적 구조에 동원된 동아리로 대변되는 생활 모임들이 '스스로 조직된' 자율과 열정의 독립체라는 정체성을 귀하게 잘 다듬고 경우에 따라서는 더 모나게 가꿔갔으면 좋겠다. 이게 무슨 말인가 하는 비평 없이 정책이나 제도 아래 줄을 서, 누군가를 만족시키기 위해서가 아닌, 내 삶을 살고 있다는 나다움의 해방감이 나의 기쁨이 될 때를 만들고 맞이하기 위한 시도이자 계기로서 지원금의 쓸모가 있었으면 하는 바람이다.

다양함의 밑천은 각종 삶의 그림자들

    삶을 들여다보는 묘사의 과정을 머리로만 생각하면 순전히 개인의, 개별적인 차원의 것으로 보이는데 막상 해보면 여러 종류의 타인(타종)들이 가깝게, 조금 떨어져 내 삶의 언저리에 있음을 발견하게 된다. 무엇보다 그동안 내가 알아채지 못했던 존재와 관계들이 보이고, 중요하다고 여겨졌던 것과 무심결에 지나쳤던 것들의 위치가 바뀌거나 중요함의 정도가 달라지기도 한다. 내 삶에 영향을 주고 있었던 새로운 무리들도 보인다. 이 새로움은 이전에 없었던 것의 느닷없는 등장이 아니라, 삶을 재배치하는 과정에서 내 삶에, 또는 내가 긴한 영향을 주고받아 왔지만 미처 감각하지 못했던 존재들을 알아채는 것이다.
    이 대목에서 친해져야 한다는 강박에 대해서도 함께 생각해

볼 수 있을 듯 하다. 익숙한 생활문화 활동의 모습 중 하나가 관계의 친밀함을 토대로 확장을 꾀하거나 친밀함이 목적인 경우들인데 지나치게 일반화되어 사람들로 자신을 드러내지 않게 하는 장치가 되고 있는 것은 아닌지 말이다.

친밀함, 즐겁고, 유쾌하고, 밝은 모습들을 접하면 누구나 흐뭇해진다. 그래서인지 생활문화 활동이라는 게 왁자지껄한 (가시적인) 풍경을 만드는 데 많은 에너지를 쓰기도 한다. 그러나 내내 강조하였듯이 삶, 삶으로서의 문화와 예술을 그것으로 갈음할 수 없다. 그림자가 없는 풍경들에 감춰진 것들은 무엇이었을까, 누군가의 삶이 존중되기보다 그럴듯한 옷을 입혀 무대에 올리고 갖다 쓰고 있는 것은 아닌지, 속상하지만 지역에서, 도시사업 등 관 주도 사업에서 늘상 벌어지는 일이다. 밝은 것과 어두운 것의 이분법이 아니라 단박에 보이지 않는 나머지 것들을 여러 명암의 그림자라 한다면, 어느 방향으로 빛을 비추어야 각자가 갖고 있는 여러 개의 그림자들이 나타날 수 있는지 시도하는 것으로서 생활문화를 떠올려 보자.

문화예술의 생명은 다양성이다. 저마다의 삶이 품고 있는 그림자는 다양함의 밑천이기도 하다. 다소 낯설고, 임시적이고, 우연적인 상황에서 타자를 만남으로써 삶의 다양함과 섬세한 다름을 경험할 수 있을 때, 세상을 대면하여 대화할 수 있는 태도의 힘으로서 나의 몸과 인식이 열릴 수 있지 않을까. 열림이라는 각성은 그/그녀로 하여금 자신이 성장했다거나 조금 나은 사람이 된 것 같은 기분을 느끼게 하고 이것이 앞서 언급한 재미와 기쁨으로 이어진다.

동시에 뭔가 더 나은 것, 가치 있는 것을 하고자 하는 의욕을 고취시키는 실천의 연료로 작동한다. 그러니 삶을 들여다보려는 지극한 의지와 시간을 빼고 생활문화가 무엇인지 이해할 도리가 없다.

제4부

로컬의 시대 경기도 문화원의 변신을 위하여

로컬의 시대, 경기도 문화원은 어떤 비전을 제시했나
고영직 문학평론가

2024 대한민국 문화예술관광박람회에서 생각해 본 지역문화예술진흥 정책사업 수립과 실행에서 놓치지 않아야 할 다섯 개의 원리
강원재 노원문화재단 대표

문화원의 안과 밖에서
이승훈 충청북도 학예연구사

좌담
〈문화원 직원들의 조직적 대화〉
최실비 『경기문화저널』 편집위원

전통문화를 이어나가는 의왕단오축제
공은실 의왕문화원 과장

의례적인 의전을 넘어, 〈드래곤 호의 모험〉으로
구민정 홍익대학교 교수

로컬시대, 경기도 문화원은 어떤 비전을 제시했나

고영직
문학평론가

2024 문화도시 박람회장에서

'사람하는 도시, 사랑하는 도시.'

문체부가 주최하고 춘천시와 춘천문화재단이 주관한 〈2024 문화도시 박람회〉의 슬로건이다. '문화가 사람'이라는 점을 부각한 슬로건이었다. 2024년 5월 30일부터 6월 2일까지 강원도 춘천시 중도 레고랜드 코리아 주차장에서 열린 〈2024 문화도시 박람회〉는 28개 문화도시별 매력 넘치는 홍보 부스가 꾸려졌고, 다양한 도시 사람들과 어우러지는 각종 포럼과 라운드테이블이 열려 '나와 우리는 어떤 도시에 살고 싶은가?'를 즐겁게 고민할 수 있는 자리였다.

특히 이번 박람회는 춘천마임축제와 손잡고 진행됨으로써 문화도시 춘천의 남다른 '공기'를 느낄 수 있는 충만한 시간이었다.

하지만 풀어야 할 숙제 또한 적지 않았다. 〈지역과문화포럼〉에 참여한 방송대 성연주 교수의 말처럼, 소위 로컬Local의 시대가 도래했다고 하지만, 로컬이란 개념이 너무나 손쉽게 소비되는 것은 아닌지 돌아보아야 한다. 그렇지 않으면 '문화가 곧 사람'이라는 가치는 한낱 슬로건에 그칠 수 있다.

이것은 비단 춘천시와 춘천문화재단만의 일이 아닐 것이다. 문화도시를 추진하는 도시뿐만 아니라 각 시·군·구 등 기초자치단체들이 지역사회의 의제를 문화적 관점으로 풀어내려는 과정이 절대적으로 필요하다. 최근 다시 '시민력市民力'이 강조되고, 문화분권과 문화자치가 소환되는 까닭은 여기에 있을 것이다.

최근의 로컬 붐 현상이 마냥 긍정적인 것만은 아니다. 문화도시 박람회 〈로컬감각포럼〉 행사에서 고윤정 부산 영도문화도시센터장이 "브랜드Brand만 있고, 브랜딩Branding은 없다"고 한 말은 매우 적절한 비판이었다. 결국, '브랜딩화'란 시민력을 의미하기 때문이다.

'문화도시' 또는 '대한민국 문화도시'로 지정된 각 도시들의 성장과 성숙을 위해, 기후위기 같은 지구적 의제뿐만 아니라 빈집 증가 등 지역 소멸 내지는 인구 소멸 이슈 같은 문제들에 대해 어떻게 문화적으로 대응할지 생각하고, 내가 사는 지역에서 즐겁게 개입하고 실천해야 한다. 문화 실천과 행동이 꼭 '중후장대한' 활동을 의미하는 것은 아니다.

다시, 지역은 무엇으로 사는가. 지역의 미래가 마냥 밝지 않다고 생각하는 데에는 지역을 바라보는 중앙정부의 시선과 정책이 여전히 중앙집권적이라는 점 때문이다. 정부는 자금 배정 권한을 행사하며 2024년도 지방정부 교부금을 대폭 삭감했다. 지역의 자기결정권을 존중한다는 명분을 내세웠지만, 실상은 지역 스스로 각자도생하라는 의미였다.

하지만 각자도생은 혼자 살다가 혼자 죽는 것을 뜻하는 '각자도사'가 될 가능성이 너무나 농후하다.

지역은 인구 소멸, 지역 소멸 같은 자기 앞의 당면한 문제를 스스로 해결하고 정책을 결정할 수 있을까. 쉽지 않다. 지역은 인사와 예산 등의 권한 행사에 있어서 여전히 중앙정부의 눈치를 살피고 의존해야 한다.

'기민棄民정책'에 가까운 정부의 정책 기조는, 가뜩이나 상실감에 젖어 있는 지역 사람들에게 자칫 열패감을 줄 수 있다. 자기 문화에 대한 열등감과 자기혐오의 감정이 지배적인 상태에서 온전한 서사가 구현될 수는 없는 법이다. '지역의 눈'으로 전환하려는 관점과 태도, 그리고 정책(사업)의 전환이 절실히 요구된다.

문화원, 지역 소멸과 고유문화 위기에 적극 대응하자

하지만 지역의 문화원은 로컬의 시대를 맞아, 최근의 지역 문화정책 흐름을 적절히 이해하며 적절히 '개입'을 하고 있는가? 이 질문에 대해 '그렇다'라고 자신 있게 답변할 수 있는 전국 또는 경기도의 문화원은 많지 않을 것이다.

문화원은 지난 70년 동안 '문화원이 뭐 하는 곳이에요?'라는 질문을 자주 받았지만, 이 질문은 여전히 계속된다. 지속 가능한 문화원의 존립을 위해, 문화원의 비전을 고민하며 지역 실정에 맞는 적절한 대책 마련이 필요하다.

경기도문화원연합회는 2022년 12월, 31개 시·군의 문화원장을 비롯해 사무국장 그리고 전 직원들의 총의를 모아 처음으로 〈경기도 31개 지역문화원 2023년의 약속〉을 발표했다.

크게 세 가지 내용이었다.

▲ 첫째, 2023년에는 문화원 지원/육성을 위한 5개년 계획을 전체 문화원에서 수립·완료한다.

▲ 둘째, 2023년에는 문화원 조직 경영 선진화를 위한 각종 제 규정을 정비 완료한다.

▲ 셋째, 2023년에는 문화원 임직원 역량 강화에 힘쓴다.

경기도문화원연합회는 이와 같은 '약속'에 따라 문체부와 경기도의 도움을 받아 중장기 발전 방안 수립을 위한 컨설팅을 지원하고, 〈표준규정〉을 제정해 직제, 인사, 보수 표준 규정을 마련했으며, 원장단·국장단 해외 연수 및 직원들의 직무 연수를 강화했다.

2024년 현재, 경기도 26개 문화원이 중장기 발전 방안을 완료하는 등 높은 달성률을 보인 점은 가시적인 성과였다.

하지만 지역문화원의 조직 비전을 마련하기 위한 경기도문화원연합회의 고민은 2024년에도 계속되었다. 경기도문화원연합회는 〈2024년 경기도 지역문화원 3대 아젠다 채택〉(2023.12.15.)을 위한 선포식을 열고 조직 비전을 더욱 구체적으로 제안했다. 경기도 31개 시·군의 문화원장들이 주도적으로 비전을 고민하고 실천 의지를 보였다는 점에서 조직 혁신의 기폭제가 되리라 기대된다.

▲ 첫째, 지역학(향토문화) 연구소 조직을 정비·강화하여 지역문화 아카이브의 중심이 되도록 노력한다.

▲ 둘째, 지역문화예술교육의 거점이 되도록 노력한다.

▲ 셋째, 일하기 좋은 문화원이 되기 위해 노력한다.

2023년에 비해 더 진전된 조직 비전을 고민했다는 점을 여실히 확인할 수 있다. 2023년과 2024년 문화원의 조직 비전을 아래 〈도표〉를 통해 비교해 보면 더 진전된 문제의식을 볼 수 있다. 다시 말해, 조직 내부를 정비한 후(2023), 조직 바깥으로 시선을 돌려

'지역'의 문화·예술교육 거점(2024)으로서 자신의 위상을 분명히 했다는 점을 알 수 있다.

〈도표〉 경기도 지역문화원 3대 아젠다(2023/2024) 비교

2023년 아젠다			2024년 아젠다		
2023년에는 문화원 지원/육성을 위한 5개년 계획을 전체 문화원에서 수립/완료한다	2023년에는 문화원 조직 경영선진화를 위한 각종 규정을 정비 완료한다	2023년에는 문화원 임직원 역량강화에 힘쏟다	경기도 지역문화원은 지역학(향토문화)연구소 조직을 정비/강화하여 지역문화 아카이브의 중심이 되도록 노력한다	경기도 지역문화원은 지역문화예술 교육의 거점이 되도록 노력한다	2024년부터 경기도 지역문화원은 일하기 좋은 문화원이 되기 위해 노력한다

ⓒ경기도문화원연합회

늦은 감이 있지만, 조직의 비전 수립을 위해 31개 시·군의 문화원장들이 적극 앞장섰다는 점에서 큰 박수를 보낸다. 하지만 아직 갈 길이 멀다. 지역 소멸, 고유문화 소실 위기는 우리 눈앞의 과제이지만, 이에 대한 문화적 개입은 여전히 충분하지 못하기 때문이다.

특히 경기도 문화원의 경우, 다른 지역의 문화원에 비해 지역 소멸이나 인구 소멸 같은 이슈가 아직 피부로 와닿지 않는 이슈일 수 있다는 점 또한 간과해서는 안 된다. 이제라도 지역의 문화원들이 자체 중장기 전략을 수립하고, 조직 경영을 선진화하며, 지역 실정에 맞는 조례와 관련 규정의 제·개정을 통해 조직 운영을 안정

화하고 고유문화 소실 등의 이슈에 대응하려는 노력은 결코 폄훼되어서는 안 된다.

　누군가가 말했듯이, '비전이 없는 백성은 망한다'(함석헌)라고 해야 할까. 하지만 문화원의 이러한 자기 혁신이 로컬의 시대에 '필요조건'일지언정, 결코 '충분조건'이 될 수 없다는 점을 잊어서는 안 된다. 우리는 아직 배가 고프다.

어깨 힘을 빼자

　고민은 이제 무엇을 할 것인가이다. 나는 가장 먼저 '어깨 힘을 빼자'는 말을 꼭 전하고 싶다. 외부에서 볼 때, 그동안 문화원의 행사와 활동은 다소 어깨에 힘이 많이 들어간 행사와 활동이 많았다는 생각이 든다. 결국, 이 말은 조직이 다소간 '경직'되었다는 점을 의미한다.

　불필요한 의례Ritual와 행사에 치우친 것은 아닌지 지역문화원은 돌아볼 필요가 있다. 그리고 조직 비전과 지역 실정에 맞는 활동들을 적극적으로 발굴해 실행해야 한다.

　이와 관련해 누군가가 코끼리를 먹는 방법이 무엇이냐고 묻자, '한 번에 한 입씩!'이라고 한 답변은 퍽 생각할 지점이 있다. 물론 사고실험 차원의 질문이니, 오해는 마시라. 여하튼 '한 번에 한 입씩'이라는 태도는 문화원의 활동에서도 적극적으로 적용할 필요가 있다.

　예를 들어, 지역문화 아카이브와 관련해서는 전남 고흥군 여성농업인센터가 지금의 1970~80대 여성 농민운동가를 대상으로 2018년부터 지금까지 구술 채록 작업을 한 것을 참고할 수 있다. 걸출한 이름도, 보란 듯 내세울 것도 없지만, 살아온 시절이 대견했노라고 자신과 이웃을 토닥여주는 시간이 되면 좋겠다는 생각으로 생애 구술을 채록하기 시작했다고 한다.

이러한 활동은 지역문화원에서도 이미 하고 있는 활동들이다. 다만, 예민한 문제의식을 갖고 지역의 '소수자'들의 목소리를 적극적으로 복원하고자 한 점은 높이 살 만하다. 『꼬부랑책방 : 여섯 할머니 이야기』(2018)을 비롯해 정식 출간된 『미치도록 눈부시던 : 1세대 여성농민운동가 구술기』(도서출판 말, 2023) 등의 기록물은 여성운동에 부재했던 '여성농민' 기록으로 역사의 공백을 채우는 값진 시도라는 평을 받았다고 한다.

또 전남 고흥 특유의 '갑계甲稧' 문화를 바탕으로 한 고흥군 문화도시센터의 '문화갑계' 활동 또한 지역문화원에서 적극적으로 시도할 수 있는 활동이라고 생각한다. 200명의 주민들이 취미와 취향을 나누며, 사람과 사람뿐만 아니라 사람과 지역을 잇는 문화갑계 활동은 고흥군의 대표 브랜드가 되어가고 있다. 지난해부터 추진한 문화갑계 활동이 주민들 사이에서 '브랜딩'되어 가는 과정에서 브랜드화가 이루어지고 있다고 할 수 있다.

또, 대안학교 설립 이후 132명의 학부모가 지역에 귀촌한 충북 제천간디학교 이야기는 지역에서 학교가 고립된 섬이 아니라 지역 사회 네트워크의 중심이 된 훌륭한 사례가 아닐 수 없다. 실상 문화원이 이와 같은 문화 허브Hub 역할을 해야 한다는 점은 말할 나위 없다.

　　가르칠 수 없는 것을 가르치고자 하는 '간디그룹' 총수 이병곤 교장의 영업 비밀은 지역문화진흥원 웹진 《지:문》(2023)에 소개된 바 있다.[1]

　　이렇듯 사소하고 시시한 사례들을 언급하는 것은 너무 거창한 것들에 짓눌리지 말자는 의미에서이다. 우리는 너무나 자주 중후장대한 계획들에 지쳐버리지 않았던가. 주민들이 바라는 활동은 결코 거창한 것이 아니다. 작고 사소하되 사소함 속에 큰 흐름과 의미가 있는 활동들에 열광한다는 점을 기억할 필요가 있다. 어느 논자가 좋은 '여건'을 만드는 일보다 '얼마나 여지가 있는 곳'(서진영)인가가 더 중요하다고 한 말은 그런 의미에서일 것이다.

　　나와 당신이 사는 지역이 사라지는 지역이 되길 원하는가, 아니면 '살아지는' 지역이 되길 바라는가. 나와 당신이 사는 지역이 '조금 다른' 지역을 꿈꾸고, 다른 삶과 다른 시간을 존중하려는 문화의 바탕을 마련하고자 한다면, 시민들이 스스로 가꾸어가야 한다. 토박이 시민, U-턴 시민, J-턴 시민 등 누구랄 것 없이 고루 문화돌봄을 누리고 지역에 사는 재미를 느낄 때 가능해질 것이다. 지역의 서사가 소멸되지 않도록! 경기도 31개 시·군 문화원들의 작은 실천들을 기대한다.

---

[1] 고재열·이병곤, 「132명의 귀촌인을 '배출'한 학교랍니다」, 지역문화진흥원 웹진 《지:문》, 2023년 여름호. https://rcda.or.kr/webzine/202307/detail_meet1.jsp.

지역문화는 소멸하지 않는다

2024 대한민국 문화예술관광박람회에서 생각해 본 지역문화예술진흥 정책사업 수립과 실행에서 놓치지 않아야 할 다섯 개의 원리

강원재
노원문화재단 대표

전국 곳곳의 지자체들이 지역의 문화예술을 진흥하겠다며 내놓는 청사진의 대부분은 국내외 어느 어느 곳에서 '대박난 시설과 축제를 우리도 하겠다'는 계획이다. 조물주와 억겁의 시간이 창조해 둔 고유하고 특색 있는 지역의 문화유산과 자연유산을 훼손하면서 터무니없는 짚라인, 곤돌라, 리조트 시설을 만들고, 어울리지 않는 인공의 색깔을 칠하고, 단일 식물과 동물의 인위적 재배와 육성으로 생태계 혼란을 초래하는 소비 판촉 행사를 축제라는 이름으로 버젓이 벌인다. 그 효과로 관광객이 얼마나 증가했다는 언론 기사와 방문객들의 과시용 SNS 포스팅에 잠깐 고무되었다가는 금세 시든 호응에 낙담하기를 반복하지만 책임지는 사람도 없고, 전문가, 공무원, 정치인, 지역민 모두 비자발적이라 하더라도 공모자가 된 터라 책임을 묻는 이도 없다. 이러한 현상은 지역의 본래적 가치를 존중하고 보호하기보다는 표면적인 성공과 빠른 성과를 추구하는 근시안적 접근의 결과이다. 지역문화예술의 진흥은 다른 지역의 성공사례를 외형적으로 모방하는 데 있지 않다.

    문화예술은 문화예술을 베끼지 않는다. 창조성, 유일성, 고유성이 그 생명이기 때문이다. 예술이 베끼는 것은 오직 자연과 삶이 운동하는 법칙이고, 드러나지 않았지만 '거기 있는' 비가시(청)권의 꿈과 이야기들이다. 문화예술은 전유하거나 통제하지 않는다. 개방, 소통, 공유를 전제로만 성립되기 때문이다. 스스로를 복제하고 확산하면서 부를 취하는 것은 자본의 속성이고, 그것을 특정 권리와 소유로 통제하고 관리하며 질서화하는 것은 행정의 속성이다. 전국적으로 비슷비슷한 관광시설과 축제가 우후죽순 나타났다 사라지기를 반복할 수 있는 것은 지역문화에 문화예술은 없고, 성과주의 관광과 행정만 있기 때문이다. 문화예술의 진정한 가치와 영향력은 독창성과 개방성, 그리고 그로 인한 다양성에서 비롯되며, 그러므로 경제적 이익에 치중되거나 행정적 관리의 틀에 갇혀서는 안 된다. 지역문화와 예술이 지속적으로 생동감을 가지고 진화하기 위해서는 지역사회의 자생적 노력과 예술가들의 창조적 실천이 우선되어야 한다. 문화예술은 단순히 관광자원이나 경제적 수단으로 소비되는 것이 아니라, 지역민들의 삶으로부터 비롯된 꿈과 이야기를 담아낼 때 비로소 그 가치를 발휘할 수 있다. 또한, 지역의 역사와 자연, 그리고 정체성을 깊이 이해하고 그것을 바탕으로 지속 가능한 사업을 설계해야 관광객과 주민 모두에게 점점 더 깊이 있고 풍부해지는 경험과 가치를 지속적으로 제공할 수 있다.

지난 7월 4일부터 사흘간 전주 팔복예술공장에서는 2024 대한민국 문화예술관광박람회가 열렸다. 전국지역문화재단연합회가 주최하는 이 박람회는 지역문화 활성화를 위한 지역문화재단의 역할을 모색하는 행사인데, 올해는 '모두와 함께하는 문화예술관광'이라는 주제 아래 '지역 활성화, 문화예술·관광에서 답을 찾다'라는 슬로건으로 진행되었다. 문화공연과 포럼 등 다양한 문화행사가 선보였는데, 그중에는 문화매개, 지역 소생, 문화기획, 재원조성, 문화 협치, 문화 향유 분야에서 지역문화 우수사례로 선정된 25개 지자체 문화재단의 활동 발표와 전시도 있었다.

바야흐로 지역분권의 시대적 흐름에도 불구하고, 인구 감소와 저성장 궤도에 올라탄 경제적 위기로 지방 중소도시의 문화예술이 위축되는 상황에서, 이번 전시에 소개된 지역 문화재단의 사업들은 지역의 문화예술 진흥을 위해 주목할 만한 시사점을 던져 주었고, 몇 가지 특성을 나눠 살펴보면 다음과 같다.

첫째. '지금 여기로부터의 기획' 이다

울주문화재단의 '오늘의 반구대를 만나는 N가지 방법'에서는 지역의 문화기획자, 창작자들이 국가유산으로 지정된 반구대 암각화를 전통 공연, 뮤지컬, 패션, 공예, 교육, 축제 등 새로운 형태의 문화 콘텐츠로 개발해 시민들에게 친숙하게 다가서려는 시도를 읽을 수 있었다. 평택시문화재단의 '공간*학'에서는 지역의 생산 기반인 논과 벼, 자연환경을 모티브로 소리와 색채, 디자인, 체험형 콘텐츠를 개발·운영하면서, 문화예술을 통해 지역민들의 일상 노동과 생산품에 특별한 가치를 담은 경험을 방문객들이 소비할 수 있도록 하려는 의도를 발견할 수 있었다.

다른 데서도 체험할 수 있는 비슷비슷한 콘텐츠가 아니라, '지금 여기'이기 때문에 가능한 경험은 예술의 '아우라'와 다름없는데, 이러한 아우라들의 다양한 경험은 그 경험자들의 삶을 고양하게 한다. 그리하여 지역은 경험자들에게 특별한 장소가 되고, 자주 방문하고 오래 머물고 싶은 곳이 된다. 이는 곧 관여하는 창작자와 지역 주민들의 자긍심을 높이고, 지역의 경제적 활성화뿐만 아니라 사회적 결속력 강화에도 중요한 기여를 하게 된다.

둘째, '함께 사는 모두를 환대하는 문화기획' 이다

완주문화재단의 '무장애 프로젝트, 여섯 가지'는 정신장애, 발달장애, 중증장애 등 일상생활에 어려움을 겪는 이들이 당사자로서 우리가 살아가는 현실의 문제를 개선하거나 각자의 바람을 합창, 웹진, 축제 등의 문화예술 활동으로 기획하는 사업으로, 모두에게 열린 도시의 문화적 환대가 어떠해야 하는지를 생각해 볼 수 있었다. 의정부문화재단의 '문화도시정책페스타'는 '도시를 바꿀 정책은 어디에나 있고, 모두에게 필요하다'는 슬로건으로 1만 명 이상의 시민들을 만나며, 도시 일상 주민들의 삶의 바람을 담을 수 있는 문화예술 사업을 모색하고, 이를 축제화한 프로젝트로 민관이 함께 도시 변화의 주체로서 협력하는 실행 과정을 기획·운영했다는 점이 흥미로웠다.

이러한 문화기획은 단순히 이벤트를 넘어서, 사회적 약자와 소외된 이들을 포함한 모든 이들이 존중받고, 참여할 수 있는 환경을 만드는데 큰 역할을 한다. 이로 인해 지역 사회는 더 크고 더 나은 공동체를 형성하게 되며, 문화적 다양성을 존중하는 풍부한 사회적 자본을 축적할 수 있게 된다. 나아가 이러한 노력은 궁극적으로 모두가 함께 살아가는 따뜻하고 환대하는 도시를 만드는데 기여하게 됨이 틀림없다.

셋째, '지속 가능한 삶을 위한 지역적 실천의 기획' 이다

　　제러미 리프킨은 그의 책 『회복력 시대』에서 효율성을 중시하는 진보의 시대가 끝나고, 이제 정치, 경제, 사회, 교육, 과학, 문화 등 우리 삶의 전 영역을 지속 가능한 삶터로서의 지구와 인간의 관계를 바탕으로 재구성해야 한다고 제안한다. 그리고 이는 지역사회로부터 출발하며, 회복력을 향한 여정이라고 한다.

　　전주문화재단의 '탄소예술 프로젝트'는 탄소를 포집해 오래도록 저장할 수 있도록 개발된 탄소섬유를 활용한 예술작품의 창작과 전시인데, 지역 민관산학의 협력적 거버넌스가 있었기에 추진될 수 있었다고 전한다. 영상을 통해 소개된 전시만으로는 현장의 느낌을 충분히 알 수는 없었지만, 지역 민관산학의 협력이 향하는 방향과 그 이념의 구체로서의 예술작품의 창작과 전시라는 순치가 가능한 도시, 전주의 문화적 품격을 알려주기에는 충분해 보였다.

　　고대로부터 근현대에 이르기까지 새로운 시대에 앞서 새로운 예술사조가 등장해왔다는 점을 생각해본다면, 근래에 예술계 내에서 생태적 전환의 문화예술기획이 점점 더 다양해지고 활발해지는 것은 특별한 신호임이 분명하다.

넷째, '기도하고 기록하고 기억하는 문화기획' 이다

　기록학자 손동유는 『세상을 바라보는 따뜻한 시선, 아카이브』에서 기록은 지역의 정체성을 만들어 내며, 세대와 계층을 초월한 대화와 소통을 가능케 하고, 기록의 공유와 공감은 서로의 소외를 해소할 수 있게 하는 힘이 있다고 한다.
　노원문화재단의 '노원을 걷다'는 지역의 여러 길과 장소의 역사, 그리고 그곳에서 바로 지금 일어나고 있는 이야기를 지역 문인들의 상상력을 빌어 에세이 형식으로 기록하고, 이를 출판과 실감형 AR, VR 앱 출시 및 교육으로 이어가는 과정을 선보였다. 변화가 곧 발전이고 혁신이며 진보라는 명제가 당연시되는 사회다 보니, 지역의 풍경과 일상 또한 빠르게 변하고 있다. 이러한 변화는 고향을 지키고 있거나 떠났거나에 관계없이, 그 변화에 적응하느라 늘 바쁜 우리 모두를 추억하거나 성찰할 장소를 잃어버린 정서적 실향 상태로 만든다.
　공동체가 함께 기억하고 기념하며 기도하는 행위와 그것들의 기록은 문화예술의 시원이자 오늘날에도 여전히 중요한 덕목이다. 특정 장소와 지역에 대한 각자의 기도와 기억을 나누고 공유하는 모든 사람은 문화적 동향인이며, 풍경만을 구경하고 소비하는 관광객이 아니라 지역을 아끼고 돌보는 주민이 된다.

다섯째, '지역문화주체 발굴 및 성장의 선순환 체계 형성' 이다

춘천하면 떠오르는 이미지는 문화예술의 도시다. 춘천의 문화적 브랜드로 자리 잡은 마임, 인형극, 청년문화, 애니메이션 등은 오랜 시간 문화에 투자해 온 정책의 효과일 것이다. 이번 박람회에서 춘천문화재단은 체계적이고 지속적인 지역문화 인력 양성 시스템을 선보였다. 10년 이상 꾸준히 예술 창작자와 기획자 같은 문화매개자들이 성장할 수 있는 단계별 지원 체계를 만들고 운영함과 동시에, 서로가 서로의 파트너로 협력하도록 하는 과정을 전시 발표했다.

부천문화재단의 '부천마을미디어'는 2016년부터 현재까지 시민들이 주체적인 미디어 제작자로 참여하면서 팟캐스트와 유튜브를 플랫폼으로 1,500개 이상의 지역문화 콘텐츠를 생산·공유하고 있다. 지난 3년 전부터는 초기 성장한 시민 미디어 활동가들이 새로운 시민 미디어 활동가의 멘토가 되어 성장을 돕는 시민 주체 성장의 지역 내 선순환 구조를 형성하고 있다고 한다.

당연하지만 실현되기엔 어려운 '문화도시는 문화적인 시민의 도시'임을 견지해 온 춘천과 부천 지역의 문화도시 정책의 저력을 확인할 수 있었다.

이상 2024 대한민국 문화예술관광박람회에서 지역문화 우수 사례로 전시 발표된 여러 지자체 문화재단의 정책과 사업으로부터, 그간 지역문화예술의 진흥을 위해 노력해 온 현장들이 정책과 사업을 추진함에 있어 지키고 있는 주요한 다섯 개의 원리를 살펴봤다.

위의 사례 외에도, 그간 지역문화예술 주체로 호명되지 않았던 지역 내 관광 사업체나 시민단체와 거버넌스를 형성하면서 지속 가능한 지역문화관광의 파트너십을 이끌어 낸 남해관광문화재단의 정책과 사업, 또는 지역 전시 해설사 과정을 수료한 주민들이 전문 도슨트로서의 역할을 부여받으며 지역문화 협력 주체로 변화하는 선순환 과정을 보여준 강북문화재단의 사례 또한 흥미로웠다.

출생률 저하나 대도시로의 인구 집중화로 인해 지방이 소멸하고 나라가 망할 것처럼 위기감이 팽배하고 있지만, 노동과 결혼 인구에 대한 개방적 이민정책이나 정부와 지자체가 앞다퉈 내놓고 있는 출산과 이주, 관계 인구 등의 정책을 보고 있노라면, 인구 감소로 인해 지방이나 나라가 망할 가능성은 없어 보인다.

다만, 이민자들이나 노인 인구가 많아지고 자동화된 지능형 기술의 발전으로 노동 생산 인구 구성의 변화는 불가피한데, 이 역시 일·가정 양립이나 일·놀이·학습의 조화로운 경험을 통한 전인적 성장을 생각해 보면 긍정적인 측면이 더 많다.

우리가 경계하고 위기감을 가져야 하는 현대 사회의 문제는 오직 전 지구적 기후위기와 돌봄 공동체의 실종이다. 이에 대한 인지

여부에 관계없이, 이미 오래전부터 '지금 여기로부터의 기획', '함께 사는 모두를 환대하는 문화기획', '지속 가능한 삶을 위한 지역적 실천의 기획', '기도하고 기록하고 기억하는 문화기획', '지역문화 주체 발굴 및 성장의 선순환 체계 형성'을 위한 정책 사업을 꾸준히 추진하고 사례로 축적해 온 지역문화 현장들이 내외부 역학관계에 휘둘리지 않고 더 많은 실천지로 확장해 가길 바라며, 여타 지역의 현장들은 그 원리를 익혀 각자의 지역에 맞는 정책 사업들을 기획하고 발현해 보길 권한다.

문화원의 안과 밖에서

이승훈
충북도청 학예연구사

나와 문화원과의 인연은 2006년부터 시작되었다. 당시 대학에서 국문학을 전공하고 있었지만, 민속학을 공부하겠다는 마음을 먹으면서 문화재 관련 연구원에서 일을 하기 시작했다. 당시 나에게 주어진 업무는 마을을 조사하여 숨겨진 민속문화와 인문자원 등을 발굴하거나, 개발이나 댐 건설 등으로 인해 사라지는 마을에 대한 세밀한 기록을 남기는 일이었다. 이러한 마을 조사는 짧은 시간에 성과를 내기 어렵기 때문에 문헌을 통한 면밀한 사전조사가 필수적이었다. 이 과정에서 가장 먼저 찾아간 곳이 바로 지역의 문화원이었다.

내가 제대로 된 마을 조사를 처음 시작한 곳은 통영의 한산도에 있는 '문어포'라는 마을이었다. 이곳을 대상으로 마을 재생사업이 추진되었는데, 1년 차에는 마을의 전통문화와 민속문화를 조사·발굴하고, 2년 차에는 이를 자원화하여 마을의 관광자원으로 활용하는 사업이었다. 마을에 대한 사전조사를 위해 도서관에서 여러 문헌 자료를 찾아보았지만, 60가구도 채 되지 않는 바닷가 마을과 관련된 자료는 거의 없었다. 행여 관련된 자료가 있다고 해도 대부분 확보하기 어려운 자료들이었다. 이때 통영문화원이 사업의 공동 추진 주체였는데, 인사차 들렀던 문화원에서 깜짝 놀라고 말았다. 지역에 대한 대부분의 자료가 모여 있었을 뿐만 아니라, 도서관에서 검색조차 되지 않았던 자료들도 문화원에 쌓여 있었다. 또한, 당시 문화원 사무국장님과의 인터뷰를 통해 문헌 자료로는 절대 알 수 없는 마을 정보와 지역에 대한 깊은 이해, 그리고 현장을 직접 겪지 않고는 알 수 없는 귀중한 내용들을 사전에 파악할 수 있었다.

그 이후 나는 민속학을 계속 공부하면서 여러 마을에 대한 조사를 꾸준히 진행해 왔고 본격적인 마을 조사를 시작하기 전, 항상 지역의 문화원을 방문하는 것을 기본 원칙으로 삼고 있다. 문화원을 방문할 때마다 그곳에 소장된 지역의 역사·문화적 자료를 보고 놀라지 않은 적이 없었다. 문화원은 한마디로 그 지역의 역사와 문화자원의 보고寶庫 그 자체였다.

특히 문화원이 직접 제작하거나 보유하고 있는 자료의 가장 큰 장점은 지역민의 시선으로 만들어진 자료라는 점이다. 민속학이나 지역학을 연구하는 방법은 매우 다양하지만, 크게 두 가지 관점으로 이해할 수 있다. 첫 번째는 조사 대상(마을 또는 집단 등)의 입장, 즉 내부인의 시선에서 문화를 이해하는 것이다. 두 번째는 외부인의 시선에서 이를 해석하는 것이다. 이 두 가지 시선은 종종 광부와 금세공인에 비유되기도 한다. 내부인의 시선은 현장에서 원석을 캐내고 황금과 돌덩이를 분류하는 역할을 한다면, 외부인의 시선은 황금덩이에서 순금을 추출해내는 역할을 한다.

이러한 점에서 문화원의 자료는 지역의 언어와 지역 주민의 시각으로 만들어졌기 때문에 지역문화의 원천 자료로 볼 수 있다. 지역사회 내부에서 발생하는 사건과 현상을 이해하기 위해서는 그 지역의 역사, 문화, 전통, 가치관 등 내부적인 맥락을 파악해야 한다. 특히, 지역민의 이야기에는 드러나지 않은 숨겨진 의미와 맥락이 존재하기 마련인데, 문화원의 자료는 이를 지역민의 시각으로 그대로 정리한 것이다. 나에게 있어 문화원의 이러한 자료는 지역문화의 본질에 근접하게 해주는 매우 중요한 요소였다.

지역N문화

지역N문화

로컬의 시대 경기도 문화원의 변신을 위하여

그러나 문화원 자료는 그 중요성과는 달리 제대로 활용되는 경우가 거의 없었다. 이는 크게 두 가지 이유에서 비롯되었다. 첫 번째는 자료의 체계적인 관리가 미흡했다는 점이다. 문화원 자료를 활용하려면 문화원을 직접 방문해 자료를 스스로 찾아야 했기 때문에, 일반 대중이 접근하기는 사실상 불가능에 가까웠다. 결과적으로 이러한 자료는 민속학이나 지역학 연구자, 또는 지역의 향토사 학자들이 연구 자료로 활용하는 데 그치는 경우가 대부분이었다. 두 번째는 체계적인 관리와 활용 기반의 부재다. 지방 문화원들은 지역문화의 발굴과 조사에 집중했지만, 이를 체계적으로 관리하고 활용할 수 있는 기반을 구축하지 못했다.

다행히도 최근 문화원에서는 지방문화원 원천 콘텐츠 발굴 사업을 통해 자료들을 디지털화하며 지역문화의 빅데이터를 구축하고 있다. 이를 통해 산발적으로 흩어져 있던 문화원 자료를 체계적으로 관리하고 활용할 수 있는 기반이 마련되었다. 현재 지방 문화원의 다양한 형태의 자료들이 체계적으로 분류·정리되고 있으며, 일반 대중도 보다 쉽게 접근할 수 있게 되었다. 또한, 문화원 자료를 바탕으로 지역문화와 관련된 콘텐츠가 지속적으로 개발되어, 지역민이 지역의 역사와 전통을 더욱 쉽게 접할 수 있게 되었다. 이러한 사업은 장기적으로 지역민에게 지역에 대한 자긍심을 일깨워주고, 지역 정체성 강화로 이어질 것이다.

두 번째 문제는 문화원 자료를 활용할 수 있는 제도적 기반의 부족이다. 지방문화원의 자료는 지역의 역사와 문화에 관련된 세밀하고 미시사적 자료로, 지역 정체성을 확립하는 데 매우 중요한 역할을 한다. 그러나 이러한 자료들은 지역 내에서는 중요한 요소로 평가받았지만, 제도권 안에서 그 가치를 발휘하기는 쉽지 않았다. 이와 관련해 최근 주의 깊게 살펴볼 부분은 바로 '국가유산' 정책의 변화이다.

최근 문화재보호법이 전면 개정되어 국가유산기본법이 제정되면서 '문화재'라는 용어가 '국가유산'으로 대체되었다. 문화재財'라는 용어는 그 단어 자체에서 알 수 있듯이 재화의 개념으로, 사물, 가치, 행정, 규범적으로 한정된 뜻을 가지고 있었다. 이는 문화재로 지정된 것을 중심으로 중점 보호하고자 하는 성격이 강했다. 반면, '문화재'로 지정되지 못한 문화유산은 보호의 사각지대에 놓이는 문제가 있었다.

이번에 '문화재'를 대신하여 변경된 '국가유산遺産'이라는 명칭은 기존의 재화 개념에서 벗어나 역사와 정신을 아우르는 확장을 꾀하며, 사적 소유의 개념보다 공동체 가치를 강조하기 위한 것이다. 특히, 기존 사각지대에 머물러 있던 비지정문화재와 향토문화유산, 그리고 잠재적 유산까지 보호할 수 있는 법적 근거를 마련하여, 포괄적 보호체계로 정책이 전환되었다.

지방문화원의 역사·문화 자료는 지역의 정체성과 공동체성을 위해 매우 중요한 자산이지만, 이를 보호하거나 활용할 수 있는 법적 근거가 부족했다. 국가유산기본법의 제정으로 지방문화원의 역사·문화 자료를 바탕으로 전통문화를 발굴하고 육성할 수 있는 법적 기반이 마련되었다. 이를 통해 지방문화원은 지역의 역사와 전통문화와 관련된 자료를 활용해 보다 익숙하고 효과적인 사업을 운영할 수 있게 되었다.

국가유산청은 이전처럼 지정된 '문화재'의 보호에만 머물지 않고, 지정되지 못한 '문화유산'에도 적극적으로 관심을 기울이고 있다. 예를 들어, 2022년부터 추진된 미래 무형유산 발굴·육성 사업은 아직 문화재로 지정되지 않았지만, 미래에 지정될 가능성이 있는 지역의 중요한 무형유산을 발굴하는 사업이다. 이 사업에서 강원도는 '속초 돈돌라리 전승 확산'과 '평창 메밀농경과 음식문화'가 공모에 선정되었다. 두 사업 모두 문화원의 대표 프로그램이었던 어르신문화 프로그램으로 운영되었던 사업이다.

속초의 '돈돌라리'는 함경도 민요로, 실향민들이 속초에 정착하면서 지속적으로 부르게 된 독특한 지역문화다. 속초문화원은 이를 발굴해 프로그램화하여 어르신들에게 지속적으로 교육을 진행해 왔다. 또한, 어르신 문화동아리를 구성하여 공연과 같은 문화봉사활동도 활발히 펼쳐왔다. 평창의 메밀농경과 음식문화'는 과거 어르신문화 프로그램의 '생활문화전승'이라는 프로그램에서 발굴된 사업이다. 평창군 용평면 도사리 산촌마을에서 어르신들이 평생 먹어온 음식 이야기를 정리하고, 이를 바탕으로 산촌마을의 전통 음식문화를 어르신들과 함께 재현하기도 했다. 이처럼 문화원이 지역의 전통문화를 기반으로 운영해 오던 프로그램들은 제도의 변화와 더불어 그 중요성이 더욱 커지고 있다.

이처럼 문화원은 끊임없이 지역의 역사와 전통문화를 발굴하고 가꾸기 위해 노력해 왔다. 이러한 노력의 결과로 지역 역사·문화와 관련된 자료들이 축적되었으며, 이를 활용할 수 있는 시스

평창 도사리 밥상

평창 도사리 밥상

로컬의 시대 경기도 문화원의 변신을 위하여

템의 구축과 제도의 정착이 이루어졌다. 많은 사람들이 문화원을 떠올리면 다소 고리타분한 어르신들의 문화 공간으로 인식하곤 한다. 그러나 이제는 그 고리타분하다고 여겨졌던 것들이야말로 진정으로 중요한 가치로 인식되고 있다. 문화원이 가진 가장 큰 힘이 발휘될 조건이 이제 갖추어진 셈이다.

좌담
문화원 직원들의 조직적 대화

정리
최실비
『경기문화저널』 편집위원

로컬의 시대 경기도 문화원의 변신을 위하여

개인과 조직, 직원과 문화원

사전적 정의의 '조직'은 어떤 기능을 수행하도록 협동해 나가는 체계, 즉 개개의 요소가 일정한 질서를 유지하면서 결합하여 일체적인 것을 이루고 있는 형태를 말한다. 따라서 개인의 직업 정체성은 조직의 성장과 직결되기 때문에 조직 DNA 분석을 위해서 구성원들의 가치관과 직업 정체성을 파악하는 것은 중요하다.

이와 관련하여 문화원 직원들의 직업 정체성과 조직적 지향, 더 나아가 개인이 모여 조직된 집단이라는 관점에서 문화원의 조직문화를 분석해보고자 한다. 이 글은 경기도 지역의 문화원 직원 세 명과 나눈 이야기를 재구성한 것이다.

대담 개요

일시	2024년 7월 30일(화) 오후 2시
장소	서울역 인근 회의실
참여자	진행 : 최실비 『경기문화저널』 편집위원 대담 : 연규자 시흥문화원 사무차장 　　　 황수근 평택문화원 학예연구사 　　　 조용균 연천문화원 사무과장 참관 : 김명수 경기도문화원연합회 연구원

조각이자 전부인 사람들

최실비 『경기문화저널』 편집위원

　우리는 누구나 자아실현의 욕구를 가지고 있고, 일상의 대부분을 보내고 있는 직장에서 자신이 지니고 있는 소질과 역량을 충분히 발휘하고 계발하여 자신이 바라는 이상적 가치를 실현하고자 한다. 저에게 문화원에 재직한 시기는 일에 대한 긍정적 가치관과 추진력을 발견할 수 있었던 시간이기도 했다. 이 자리에 모인 사람들은 본인에게 어떤 내적인 힘이 있으며, 그것이 업무를 추진하는 데에 어떠한 영향을 미치고 있는지 궁금하다.

조용균 연천문화원

규정짓지 않는 것이다. 원장님이 항상 하시는 말씀이 '조 과장은 안 가려'인데, 그 말이 저에겐 큰 힘이 된다. 규정짓지 않고 다 하는 것, 할 수 있는 것이 곧 저의 내적인 힘이다. 트럭도 끌었다가 승용차도 끌었다가, 행사장에 있다가 사무실에 있다가. 규정짓지 않으니 여러 형태로 변화할 수도 있고, 어느 순간 조직에 빈틈이 생기면 채울 수도 있다.

황수근 평택문화원

게임 용어로 설명하자면, HP[1]가 높다는 말을 주변 사람들에게 많이 들었다. 체력 혹은 버티는 힘이 강하다는 건데, 꼭 육체적뿐만 아니라 정신적 체력을 의미하기도 한다. 저의 높은 HP는 문화원에서도 잘 사용된다. 동료들이 흔들리거나 예민할 때 그들과의 대화를 통해 흔들림을 잡아주는 역할을 많이 한다. 흔들리지 않고 피는 꽃은 없다고 하지만, 흔들리지 않도록 곁에서 지지해주면 더 튼튼한 꽃을 피울 수 있다. 단단히 잡아주는 흙과 땅이 되어주는 것이 나의 힘이다.

연규자 시흥문화원

시류에 흔들리지 않는 성향을 가지고 있다. 그것이 문화원의 여러 바람과 역경을 이겨내며 27년 동안 살아남을 수 있었던 이유이기도 하다. 그렇기에 원장님, 국장님도 제가 하는 업무에 대해서는 결국 제 의견을 존중하고 따라 주신다.

1 HP는 Heart Point 혹은 Hit Point의 축약어로 게임에서 캐릭터가 피해를 버틸 수 있는 능력을 수치로 표현한 것. 주인공 캐릭터의 HP가 0이 되는 순간 캐릭터는 사망하거나 진행불가 상태가 된다.

최실비 『경기문화저널』 편집위원

조직은 개인과 개인의 행위들로 구성되며, 그것을 통해 목표를 달성해간다. 개인 또한 조직을 통해 공동의 행위 속에서 직職과 업業의 균형을 맞추어 간다. 즉, 조직의 구성원인 개인은 조직을 통해 자기 자신을 실현하고 동시에 조직은 개인을 통해 그 목표를 실현하는 관계에 있는 것이다. 다음으로는 일터에서의 역할과 자신의 직업 정체성을 무엇이라 생각하는지 이야기해 보았으면 한다.

연규자 시흥문화원

총무는 '살림'을 담당한다. 살림이 자리를 잡아야 가정이 잘 돌아가듯이, 총무 역시 문화원에서 중심적인 일이다. 문화원은 비영리단체로 재무제표와 손익계산서가 없는, 목적에 따른 결산만을 하는 곳이다. 그러니 일반적으로 인식하는 회계와는 차별점이 분명히 있으며 그렇기에 신뢰가 더 중요하다. 그 신뢰는 곧 원칙과 규칙을 바탕으로 한다. 그렇기에 저는 신뢰를 지키는 사람이자, 살림하는 사람이다.

황수근 평택문화원

학예연구사는 직업적으로 박물관, 미술관 등에서 작품을 수집하고, 전시를 기획하는 전문가를 뜻하지만, 근본적으로는 학술과 예술을 연구하는 사람이다. 학예연구사는 소속된 조직에 따라 역할이 조금씩 달라지는데, 문화원의 학예연구사는 지역의 역사와 문화를 연구하는 정체성을 가지고 있다. 연구라고 하면 지역사를 발굴하고 기록하는 것만을 떠올릴 수 있으나, 사실은 발굴한 기초자료를 활용하여 다양한 기획을 하는 것까지 포함한다. 그렇기에 저는 기초자료 수집뿐 아니라 콘텐츠화를 통해 현장에 투여할 방법에 대해 고민하고 실행하는 일을 한다.

조용균 연천문화원

입사 전에는 작곡을 하면서 지내다가 고향인 연천으로 돌아왔다. 연천문화원은 규모가 작은 게 특징이다. 원장님, 국장님 그리고 저 이렇게 세 명이서 근무한다. 국장님은 보통 사업 전반의 큰 틀을 잡으시고 실무는 제가 맡아서 한다. 그렇기에 한 사람이 사업을 기획하기도 하고, 행정과 회계도 해야 하고, 회원들과 대면하며 그들의 목소리도 들어야 한다. 저의 역할 자체가 곧 문화원이다.

최실비 『경기문화저널』 편집위원

그렇다면 앞서 이야기 나눈 본인의 특성이 문화원이라는 조직에 미치는 영향에 대해 말해 달라.

황수근 평택문화원

저는 역사 전공자로서 역사적 지식을 연구와 책 기획 등으로 점점 확장시켜왔고 그것이 축적되어 평택문화원이 지역학에 전문성을 갖춘 단체가 됐다. 평택시의 박물관 건립 관련 부서에서도 문화원에 자료와 자문을 요청하며 긴밀하게 소통하는 등 전문성을 인정받고 있다. 더불어 제가 중요하게 여기는 건 콘텐츠 활용이다.

연구, 조사, 발굴된 원천 콘텐츠를 기반으로 지역주민들이 직접 체험할 수 있는 것을 만드는 것인데, 이야기, 영상, 애니메이션, 소설, 축제, 공연 등으로 다양하게 만들어 낼 수 있다. 저는 사실 역사를 연구하는 것보다 콘텐츠를 만들기 위해 전략을 짜는 것, 즉 기획에 더 관심이 많다. 그래서 지역 문화유산을 활용한 축제를 꾸준히 기획하고 실행하고 있는데, 내가 가진 지식과 나의 지향점이 잘 결합하여 조직에도 영향을 끼치고 있다고 생각한다.

연규자 시흥문화원

조직이 나에게 영향을 미치고, 내가 또 그 조직에 영향을 미치는 것 그게 잘 돌아가면 조직이 발전하는 것 같다. 총무 업무를 하면서 '저 사람은 믿을 수 있는 사람'이 되고자 노력했다. 총무를 담당하기에 상위기관인 시와 업무를 할 때도 있고 외부와의 접점이 많아서 외부에서 저를 통해 문화원을 보는 시각이 생기는 것 같다. 그렇기에 저라는 개인의 이미지가 문화원의 영향에 많은 영향을 미치는 것에 자긍심과 책임감을 동시에 가지고 있다.

조용균 연천문화원

문화원에서 일하면서 제 경험의 장점을 살려서 신뢰도를 쌓아 가고 있다. 연천문화원은 문화학교에서 오카리나, 우쿨렐레 교육을 하고 있는데 음악은 제가 해왔던 것이다 보니 발표회를 할 때 공연에 필요한 걸 알고 있어서 좀더 수월히 진행할 수 있다. 특히 문화원 행사에 굳이 음향팀을 부르지 않아도 진행할 수 있다. 사실

입사 초에는 음악을 한 경험이 문화원에서 쓸모가 없을 수 있겠다 싶어서 아쉬웠는데, 이제는 일에서 시너지를 낼 수 있는 부분이 많아서 즐겁고 잘 써먹고 있다.

개인과 조직의 교차점

최실비 『경기문화저널』 편집위원

이어서 조직된 집단의 관점에서 문화원 조직문화를 분석해 보고자 한다. 문화원 내부에서 개인이 성장하는 힘은 어디에 있는지 궁금하다.

조용균 연천문화원

문화원 입사 전까지 예술인으로서 공연을 하고 돈을 받는 입장이었기에 행정이나 기획의 시각은 갖추지 못했었다. 그런데 역할이 바뀌어 지역 행사를 기획하고 진행하면서 시각이 많이 트였다. 저에게 연천이라는 동네는 조그맣고 조용한 곳이었는데, 문화원의 직원이 되어 보니 문화원의 여러 사업이 이곳저곳의 움직임과 변화를 만들어내고 있다는 걸 목격한다. 연천의 젊은이이자 매개자로서, 지역과 문화예술의 교차점에 서 있다고 생각한다.

황수근 평택문화원

문화원은 공공의 지원을 통해 여러 사업을 추진하지만, 한편으로 민간단체인 비영리 사단법인이고, 소규모의 조직이라는 특장점이 있다. 그렇기에 수익률을 따지지 않고 문화 그 자체의 가치를 높이기 위해 예산을 투입하면서 동시에 효율을 추구할 수 있다. 조직이 추구하는 가치방향에 따라 효율적 투자를 할 수 있다는 것이다. 더불어 작은 조직의 강점을 충분히 활용하여 구성원간 합의만 되면 빠른 결정과 추진이 가능한 구조이기도 하다. 그렇기에 문화원의 조직문화는 빠른 결정을 할 수 있는 시스템으로 만들어져야 하며, 최선의 효율을 위해 최고의 네트워크를 사용할 수 있어야 한다. 그러기 위해서는 문화원 직원 개개인의 역할이 매우 중요하고 조직에 끼치는 영향도 크다. 한 명의 기획이 지역에 미치는 영향을 즉각 확인할 수 있고, 또한 지역주민들과 직접 대면하면서 그들의 평가로부터 성취감을 얻을 수 있는 구조다. 문화원에서는 이를 활용해서 직원들의 인정 욕구를 충분히 채울 수 있는 기회를 줘야 한다. 제가 문화원에 10년 이상 재직할 수 있었던 것은 문화원의 조직적 특성을 통해 추진한 일을 통해 인정욕구가 소화되었기 때문이다.

최실비 편집위원

그렇다면 문화원에 소속된 직원으로서 문화원의 역할을 어떻게 생각하고 있는지 궁금하다.

황수근 평택문화원

문화원은 조직적 특성을 충분히 활용하여 지역문화의 산파 역할을 하는 곳이어야 한다. '우리가 이렇게 잘 만들었으니 이제 너희가 가져가, 우리는 또 다른 걸 만들게'라는 의식이 필요하다. 문화원은 그런 기반조성을 할 수 있는 곳이기 때문이다. 평택문화원의 경우 평택농악보존회를 만드는데 역할을 했고 경기도의 각 문화원들 역시 경기도민속예술제를 통해 공공의 예산이 투여되지 않으면 시장에서 살아남을 수 없는 민속예술을 보존하고 확장하고 있지 않은가. 그런 것이 문화원의 역할이다.

연규자 시흥문화원

시흥문화원은 문화유산해설사 교육을 지역 내에서 최초로 시행해서 그분들이 경기도문화관광해설사가 되었다. 시에 문화관광과가 생기면서 소속이 바뀌었지만 문화원이 지역문화 매개자를 양성한 것으로 산파 역할을 한 것이다. 월미농악보존회 또한 문화원이 발굴했고 그 결과로 보존회가 만들어졌다. 문화원을 경영 측면에서 봤을 때, 수익을 창출할 수 없고 예산의 90% 이상을 시로부터 지원받다보니 역할에서 자유롭지 못하다고 생각할 수도 있지만, 실제로 우리는 해나가고 있고 해 낸 거다. 그렇게 해 나가는 것을 지속하니, 개인으로서는 성취감이, 조직의 구성원으로서는 자긍심이 든다.

인재人災 와 인재人材 사이에서

지역의 문화예술 영향력을 분석하는 각종 연구, 통계 등에서 문화원이 제외되는 경우가 늘고 있다. 지역문화는 오롯이 문화원의 것인 줄 알았던 시간이 지났다. 문화원이 만든, 문화원을 만든 축적의 시간은 막을 내린지 오래다. 문화원에서는 뒤늦게 위기를 인지하고 이유를 찾으니 '인재人材'가 없기 때문이란다. 왜 하필이면, 문화원에만 인재가 없는 것일까. 혹시 조직이, 리더가 인재를 품고 기를 능력이 없어서는 아닐까.

　　원장이 바뀔 때마다 문화원이 바뀐다. 문화원에서 10년 이상 재직한 어느 직원은, 여러 명의 원장님과 함께 일했는데 문화원의 지향점이 원장의 지향에 따라 바뀌었고, 그때마다 시행착오도 반복되었다고 한다. 문화원의 설립 목적에 따라 방향을 설정하는 게 아니라, 리더 개인이 추구하는 개인적 목적이 더 우선시되었기 때문이다. 문화원은 리더가 바뀔 때마다 왜 시행착오를 반복해야 하는지 진득하게 되짚어 보아야 한다. 문화원은 경제적 가치를 추구하지 않기 때문에 오히려 조직이 추구하는 가치와 방향성이 더 중요한 조직이다. '누구의 것'인 문화원이 아니기 위해서는 외부적으로는 지역 현장과 끊임 없이 소통하면서 공감대를 형성해야 하고, 내부적으로는 임원과 회원을 위해 직원이 존재한다는 인식을 버려야 한다. 우수한 직원들을 살필 눈이 없는 리더는 직원들의 마음 한 조각 얻지 못하고 결국 고립되어버리고 만다. 그것이 결국 조직의 좀비화를 이끈다. 장석류 교수는 『좋은 문화행정은 무엇인가』에서 조직의 좀비화 과정에 대해 설명한다. 처음에는 서로를 불편해하며 눈을 피하고 서로 인사를 하지 않는 증상을 보이고, 증상이 심해지면 한편의 느와르 영화처럼 꼭 필요한 사람의 등에 화살을 쏘기도 한다는 것이다. 좀비화가 더 심화되면 서로를 비난하고 적개심을 가지게 된다. 이로써 조직은 우울증을 앓게 된다. 우울증을 앓기 시작한 조직은 안에서부터 무너지게 된다.

  인간은 내가 의미 있고, 가치 있는 일을 하고 있다고 인정받고 싶은 욕구가 있다. 특히 직업으로써 문화예술계를 택한 사람들은 금전적인 성취보다 지역주민들이 문화예술적 경험의 과정에서 존재와 삶의 의미를 찾아갈 수 있도록 역할과 기여를 하고자 하는 선한 동기를 가지고 있다. 그렇기에 직원들의 직업 동기와 가진 장점이 무엇인지 파악하고, 기회를 주면서 인정욕구를 관리할 수 있는 역량이 리더의 성패를 가른다. 신뢰를 받고 싶으면, 신뢰를 보내면 된다.[2]

  문화원 직원들과의 대담은 직원들의 직업 정체성과 가치관을 살필 수 있는 소중한 시간이었다. 이제 더 이상 회피할 곳이 없다. 조직이 인재를 품고 기르면, 인재는 다시 좋은 조직을 만들 것이다. 인재는 귀하고, 소중하다.[3]

---

2 장석류, 『좋은 문화행정이란 무엇인가』, 사과나무미디어, 2023, 197면.
3 위의 책, 188면.

전통문화를 이어나가는 의왕단오축제

공은실
의왕문화원 과장

의왕문화원에서 주최하는 의왕단오축제의 역사는 오전동 '전주남이 느티나무' 아래에서 처음 시작되었다. 의왕시 오전동 전주남이 마을에서는 매해 마을회관 앞에 있는 느티나무에서 '만신이 단오제'를 주관하였다.

마을에서는 단오제를 지낼 때 집집마다 쌀 한 되씩을 걷어 음식과 제물을 준비하였다. 제사를 지낸 후, 마을사람들은 마을회관에서 음복을 하였으며, 단옷날 맨 그네가 끊어져 없어질 때까지 두었다는 풍속이 전해진다.

지역문화원이 전통축제를 이어간다는 것

올해로 21회를 맞이하며, 의왕단오축제에서는 예년과는 다른 많은 변화를 시도했다. 20년을 꾸준히 이어오며 의왕시의 대표적인 지역축제로 자리매김한 의왕단오축제는 도시 개발과 재개발의 영향으로 더 이상 고천체육공원에서 행사를 할 수 없게 되었다. 새롭게 왕송호수공원으로 장소를 옮기며 축제의 콘셉트와 방향에도 변화를 주었다.

제21회 의왕단오축제는 '전통과 현대를 잇는 의왕만의 새로운 단오풍습 제시'를 모토로, 축제에 지역을 넣으려는 확장성에서 주목할 부분이 많다. 대부분 규모가 큰 관(官) 주도형 축제는 내용보다는 부대행사에 집중하는 경향이 많고, 대규모 행사를 더 크게 홍보하며 예산의 규모도 지역 축제와는 비교할 수 없을 정도로 투자한다. 하지만 의왕단오축제는 예산 규모가 장소에 비해 너무 열악하고, 행사 세팅과 홍보비에 사용할 금액도 충분하지 않았다.

현실을 극복할 방법으로, 의왕문화원이 가진 강점을 파악하고 신박한 아이디어에 집중했다. 의왕문화원이 가진 가장 큰 자산은 사람이었다. 많은 사업을 함께하며 쌓아왔던 신뢰와 의리로 연결된 시민들의 참여! 개개인이나 각 진행 단체의 행사를 넘어, 모두가 하나 되어 애정과 관심을 쏟아 우리 모두의 단오축제를 만들어 낼 수 있다는 결의가 이번 단오축제에서는 더욱 간절했다.

문화원 이사님들과 회원님들, 문화강좌 수강생, 문화원 동아리, 시민 자원봉사자 등 330명의 마음이 하나의 큰 공동체가 되어 만여 명의 시민이 참여한 시민 주도형 축제가 되었다.

외형만 키운 대규모 행사가 아닌, 의왕문화원과 지역 주민의 역량으로 일궈낸 의왕시를 대표하는 지역축제라는 자부심이 축제가 끝난 후에도 여운으로 지속되고 있다.

제21회 의왕단오축제 중점 프로그램과 운영 방식

특히 주목해야 할 프로그램은 씨름으로, 의왕의 대표적인 민속놀이 중 하나다. 씨름은 힘과 기를 겨루는 경기로, 옛날부터 어느 지역에서나 성행하였다. 의왕시의 경우, 그 규모가 커서 씨름판이 벌어지면 수원, 안양 할 것 없이 각처에서 씨름꾼과 구경꾼이 몰려들어 성황리에 대축제가 열리곤 하였다. 씨름판은 의왕 고천동 앞 개울의 넓은 하천 공터에서 음력 7월 15일 백중을 전후해 열렸다. 개울둑이나 씨름판 주위에는 장사꾼들이 물건을 팔고, 술집과 음식점이 즐비하게 가설되어 난장이 벌어지기도 했다.

씨름은 연소자가 하는 애기씨름부터 어른씨름으로 이어지며, 여러 날 동안 계속되었다. 예전에는 최종적으로 이긴 사람에게 황소 한 마리를 상으로 주었으나, 이후에는 송아지를 주거나 백미 혹은 광목으로 대신하기도 했다.

이번 의왕단오축제에서는 의왕만의 새로운 단오 풍속으로 현대에 맞게 즐길 수 있는 다양한 씨름을 제시했다. 씨름을 현대적으로 해석하여 가지치기한 8가지 씨름은 엉덩이씨름, 돼지씨름, 손가락씨름, 닭씨름, 손바닥씨름, 팔씨름, 다리씨름, 소씨름이다.

스탬프 투어는 8가지 씨름에 참여하고 도장 개수에 따라 상품을 받는 방식으로 진행되었으며, 많은 시민들의 호응을 얻었다. 씨름 체험의 경기 운영과 진행은 문화원 이사님들과 시민 자원봉사자들이 맡았으며, 전통 씨름 경기는 씨름협회와 태권도협회의 도움으로 큰 부상과 사고 없이 성공적으로 마무리되었다.

또한, 타 지역의 축제와 차별화되면서도 참신함을 가질 수 있는 그 지역만의 축제를 만들기 위해, 지역의 색깔을 나타낼 수 있는 지역 정체성을 담은 프로그램을 준비했다.

'단오사진전'을 통해 그동안 의왕단오축제의 변천사를 소개하였다. 시민기록가팀이 운영한 체험부스 '왕림마을 장승 만들기'는 올해 문화원의 기록사업을 홍보하고, 왕림마을과 의왕 지역을 알리는 역할을 담당했다.

'왕송호수 여름꽃부채 만들기'는 부채의 바람이 나쁜 액운을 흩어버린다는 벽사의 의미를 담았으며, 왕송호수공원을 알리는 소재로도 훌륭한 역할을 했다.

이 밖에도, 단오의 특색을 살린 전시인 '단오음식 소개', 의왕을 홍보할 수 있는 체험 프로그램인 '의왕에서 슬기로운 여름나기', '의왕문화유산 배지 만들기' 등의 체험부스를 운영하며 지역의 특성을 잘 살린 문화축제로 이끌어 낼 계기를 마련했다.

의왕단오축제의 또 하나의 특징은 전통 공연이다. 유명 가수들이 초청된 행사가 아니라, 줄타기, 송파산대놀이, 판굿, 사자놀이, 경기민요, 진도북춤 등 전통을 주제로 한 민속공연을 선보이며 전통문화 계승과 지역사회 발전을 위한 공연문화 활동을 확장시켰다. 특히, 왕송호수공원의 지형을 활용한 마당놀이 형식의 공연장 배치는 많은 시민들에게 호응과 즐거움을 선사했다.

이 밖에도, 의왕단오축제의 장점으로 기업체의 후원을 들 수 있다. 세계 1위 명품백 ODM 업체인 시몬느는 기업의 사회적 공헌을 통해 지역 행사를 더욱 풍요롭게 했으며, 농협은 축제에 참여한 시민들에게 단오수리취떡 1,000개를 나눠주었다. 의왕신협은 모자와 부채를 배포했고, 의왕 새마을금고는 행사 전날 문화원 직원들과 스태프, 행사업체 참여자들의 점심식사와 먹거리를 제공했다.

모두의 간절함과 지역에 대한 애향심이 의왕단오축제만의 멋진 전통으로 자리 잡았다.

의왕단오축제와 다른 지역 축제와의 차별성

　의왕문화원은 지역축제뿐만 아니라 다양한 사업을 추진하고 있다. 단오축제는 그중 하나로, 의왕시민들이 의왕문화원을 기억하는 대표적인 지역축제이다. 축제는 주민들의 참여를 최대한 이끌어 낼 수 있어야 한다.
　축제 예산은 대부분 지방비로 구성된다. 축제가 관官 주도하에 이루어지면서 그 지역만의 특성을 살려 지역축제라 불릴 수 있는 경우는 얼마나 될까? 다양한 축제를 좀 더 효율적으로 운영하고, 지역의 특성을 살려 그 지역을 대표할 수 있는 문화 축제로 이끌어 낼 수 있는 것은 지역문화원이기에 가능하다고 본다.
　전통문화와 지역축제를 연계하여 지역 특성을 살리면서 전통문화를 보존·계승할 수 있는 방안을 찾는 것이 의왕단오축제와 다른 축제들 사이의 확연한 차별점이라 할 수 있다. 의왕문화원은 타 지역 축제와도 차별화되면서 참신함을 갖춘, 의왕 지역만의 축제를 만들어야 했다.
　더불어, 의왕 지역의 색깔을 나타낼 수 있는 지역 정체성을 담아야만 더 나은 축제가 될 수 있다는 확신 아래, 일 년간의 준비 과정을 겪었다.
　축제를 준비하면서 가장 먼저 했던 작업은 공간에 대한 철저한 분석이었다. 드론 촬영을 통해 축제가 치러질 왕송호수공원의 지형을 파악하고, 줄자를 사용해 직접 실측하며 관람석, 체험부스, 씨름 경기장, 공연장을 검토했다. 이를 토대로 전체 행사장에

설치할 체험부스 수량과 특별 프로그램을 준비했다.

공원의 특성상 무더위와 우천 시를 대비하기 위해 관람석 지붕을 몽골텐트로 설치하고, 테이블 72개와 의자 500개를 여유 있게 준비했다. 전통 씨름장은 실제 경기를 치를 수 있도록 모래판을 설치했으며, 햇빛을 차단하기 위해 모든 행사장에 그늘막을 설치했다.

"이런 행사 세팅이 뭐가 특별하다는 거야?" 이렇게 반문하는 사람도 있을 것이다. 예산이 넉넉한 축제라면 물량으로 대체할 수 있는 부분이겠지만, 의왕단오축제는 30,000㎡의 공간을 6,500만 원의 예산으로 준비해야 하는 축제였다. 시민들의 불편함을 최소화하고, 먹거리와 볼거리를 즐길 수 있도록 관람석과 휴게공간을 제공했다.

행사 당일 오전에 비가 왔음에도 불구하고, 이러한 세심한 배려는 만여 명이 참여한 단오축제의 가장 큰 성공 요인이 되었다.

의왕단오축제의 지향점

축제에 오는 사람들을 고려하고, 축제를 즐길 수 있는 동선을 배치하는 것은 의왕문화원 직원들에게 매우 수고로운 일이었다. 스무 번이 넘는 기획회의와 파트별 담당자의 준비 리스트, 그리고 모든 진행 과정을 데이터 공유 플랫폼 Synology NAS을 통해 공유하며 준비를 이어갔다. 행사가 원활히 진행될 수 있도록 이사님들의 역할을 교육하고, 330명의 자원봉사자 역할도 사전 교육을 통해 철저히 준비했다.

행사의 성패는 과정에 달려 있다고 본다. 매일의 성실한 준비가 모여 하나의 큰 공동체를 만들고, 모두의 염원이 행사 당일 지역축제로 표출된다. 지역문화원이 만드는 지역축제는 바로 이런 맛이다.

시민들이 주인이 되어 축제를 추진하고, 참여하는 주체가 된다. 또한, 시민들은 축제를 통해 발휘되는 사회적 통합 기능의 최대 수혜자가 되며, 그 과정 속에서 자연스럽게 애향심을 갖게 된다.

의왕의 3대 축제에는 백운호수축제, 의왕철도축제, 의왕단오축제가 있다. 현재 이루어지고 있는 이 축제들은 한결같이 지역 홍보와 지역 관광 활성화를 위한 수단으로 구상되고 있다.

지역축제를 통해 경제적 수익을 올리고자 축제 정신의 실현보다는 볼거리를 다양하게 제공해 사람들의 이목을 끌고 있지만, 지역의 특성을 충분히 담아내지 못하고 있는 것이 지금의 현실이다.

의왕문화원은 지역문화를 직접 접할 기회를 제공하고, 나아가 의왕의 지역문화를 올바르게 알릴 방안을 제시함으로써 지역을 알고, 지역을 알리며, 지역에 대한 자긍심을 갖게 하고자 한다. 전통도 시대에 맞춰 현대적 요소를 접목함으로써 옛 문화에 대한 접근성을 높이는 방향으로 변화해야 한다.

일본의 '삿포로 요사코이 소란축제'는 일본에서 가장 성공한 시민 주도형 축제로 주목받고 있다. 이 축제는 고치현의 전통 마쓰리인 요사코이에 현대적 감성을 더해 재창조한 문화 콘텐츠로,

원조보다 더 발달하고 활성화되면서 세계적으로 인정받고 있다는 점에서 흥미롭다. 전통을 근간으로 만들어진 콘텐츠가 다시 전통으로 자리 잡아가는 모델이기 때문이다.

　　의왕단오축제도 요사코이 소란축제처럼 지역축제의 변화를 시도하고 있다. 코로나 이후 시민들의 축제에 대한 기대에 부응하며, 도시 개발과 재개발로 빠르게 변화하고 있는 의왕의 현실 속에서, 의왕단오축제는 마음과 마음을 모아 지역사회를 단단히 지탱하는 힘이 되고자 한다.

　　의왕 지역의 정체성을 찾을 수 있는 다양한 프로그램을 만들어내고, 단오가 가지는 의미를 소개하며 함께 즐길 수 있는 장을 펼치는 지역 축제를 의왕문화원이 만들어 나가고자 한다.

단오제사

전래 놀이 체험 전경

로컬의 시대 경기도 문화원의 변신을 위하여

줄타기 시민 관람 모습

각시줄땋기

의례적인 의전을 넘어, 〈드래곤 호의 모험〉으로

구민정
홍익대학교 교수

서울의 50플러스 인생학교 교육과정에는 '드래곤 호의 모험'이라는 별칭이 있다. '드래곤 호의 모험'은 놀이성과 예술성을 기반으로 운영된다는 점에서 기존의 성인교육과 매우 다르다. '드래곤Dragon'이라니 마치 아이들 환상놀이 같은 이름이지만 그 안에는 형식적인 의전을 깨고 새로운 문화를 형성하는, 조금은 다른 삶에 용기를 더하는 통과의례Ritual가 담겨 있다.

의례란 무엇일까?『인간은 의례를 갈망한다』의 저자 지갈 라타스는 다음과 같이 말한다.

"의례는 소용이 없어 보이는데도 진정으로 없어서는 안 되고 신성한 뭔가로 경험되는 것… (중략) 처음에는 기괴하거나 부질없어 보일지 모르는 것이 사실은 사람을 변화시키는 힘을 지닐 수 있다." 그런데 '기괴하거나 부질없어 보이는' 놀이와 예술 활동이 진정 사람을 변화시킬 수 있을까? 의례는 사람들에게 필요하고, 진정한 의례는 안심과 결속감과 지혜를 준다는 점에서 형식적으로 행하는 겉치레와 다르다. 그런데 서울 50플러스 인생학교의 '드래곤 호의 모험'은 8년(2016~2024)을 지속해 왔고, 여전히 기괴하고 부질없어 보이지만 이 과정을 통과하면 사람들이 분명 '조금은 다른 삶에 용기를 더하게 되는 것 같다.[1]

---

1   서울 50플러스 인생학교의 모토가 '조금은 다른 삶에 용기를 더하는'이다.

첫 만남부터 놀이로

서울 50플러스 인생학교는 첫 만남에서부터 놀이를 제안한다. 놀이에는 규칙이 있고, 자발성이 전제되어야 하며, 그 놀이에서 일어난 해프닝들은 즐거운 웃음 안에서 품어져야 한다. 50플러스 인생학교에서는 놀이처럼 자기를 소개한다. 50플러스 인생학교의 교육은 앞을 바라보고 강연을 듣는 학습과정이 아니다. 예컨대 그룹 프로젝트 활동, 대화 및 토론, 연극적 몸짓 표현 등 수업 시간마다 적극적으로 상호작용이 이루어지므로 서로를 친밀하게 느껴야 한다. 그래서 첫인상을 좌우하는 인사 나누기는 매우 중요하다. 50플러스 인생학교에서는 두 가지 내용으로 간략하게 자기를 소개한다. 하나는 이름 대신 부를 별칭(그 유래와 의미 포함), 그리고 '요즘 관심 가는 단어는 무엇인가?'이다. 이렇게 흔히 첫 만남 자리에서 묻는 나이, 전직 등 그 사람을 사회적으로 규정하고 설명하는 형식들 대신- 명함 내지 말고, 민증 까지 말고- 그저 '나' 자신에 대해 이야기하는 것을 제안한다. 별칭으로 이름을 부르는 것은 어린 시절을 소환하는 기능을 지니며, 개구쟁이처럼 놀 준비를 하게 한다.

이렇게 개구쟁이가 되어야 하는 이유는 뭘까? 모인 사람들에게 생애 전환의 시점에서 인생학교를 찾은 이유를 말하라면, 인생 후반기의 조금은 다른 삶을 위해 좋은 친구를 만나고, 전반부에 유보했던 특히 미적美的 소망들을 실현하고자 왔다고 한다. 그런데 정작 자기 자신이 어떤 사람인지 과거의 직함과 나이를 빼고 말하라면 매우 난감해한다. 그래서 인생학교의 첫 만남은 과거의 경험이 구성한 자아 말고 자신은 어떤 사람인지 묻는 것, 낯설고 어렵지만 계급장 떼고 물에 첨벙 뛰어드는 놀이이다. 이렇게 50플러스 인생학교의 교육과정은 적어도 교실에 있을 때만큼은 현재와 다른 상태로 시공을 옮겨가게 해준다는 점에서 의례이다.

    50플러스가 놀이는 어린이처럼 즐겁게 몰입하는 경험으로 이끈다. 이렇게 놀면서 자신의 삶을 심각하지 않게 재정의할 수 있도록 돕는다. 한편 놀이는 고독이라는 질병을 예방할 수 있도록 공동체의 유대감을 만들어준다. 에릭슨[2]은 50플러스 시기를 '자아 통합에 의한 자아 완성'이 주된 과업인 때라고 하였다. 자아 완성이란 일관성 Coherence과 완전함 Wholeness에 대한 자신의 인식이며, 남은 시간의 결핍을 아쉬워하는 것이 아니라 현재까지의 삶을 긍정하고 세계와의 상호작용 속에서 지혜를 획득하는 것을 뜻한다. 50플러스에게 긍정적 정체감은 적절한 중용과 물러섬의 미학으로 정제되어야 한다. 최일선에서 물러나 자신에 대한 궁극적인 관심과 인생에 대한 재평가를 통해 나름의 멋을 찾고, 레빈슨[3]이 말한 '다리 위에서의 조망 One's view from the bridge' 시기임을 알아채야 하는 것이다. 그래서 이 시기 자아 통합을 위해 적절한 놀이는 이야기 Narrative 만들기이다.

---

2   에릭 홈부르거 에릭슨(Erik Homburger Erikson,1902년 6월 15일~1994년 5월 12일)은 덴마크계 독일인으로 미국에 활동한 발달심리학자이자 아동정신분석학자이다. 인간의 사회성 발달이론으로 유명하다. (위키백과)
3   대니얼 레빈슨 (Daniel J. Levinson). 미국 예일대학교 의과대학 임상심리학과 교수. 코네티컷 정신건강센터의 심리학 실장이자 사회심리와 임상심리 연구 분야의 책임자. 저서로 『남자가 겪는 인생의 사계절 The Seasons of a Man's Life』, 『여자가 겪는 인생의 사계절 The Seasons of a Woman's Life』 등이 있다.

50플러스에게는 이야기가 많다

　50플러스 세대에게는 이야기가 많다. 이야기하기는 파편화된 기억을 꿰는 일이다. 아메리[4]는 노년의 시간에 관하여 기억의 퇴적물, 인생의 경험들이 불협화음처럼 무질서하게 쌓여 있는 시간의 지층이라고 하였다. '깨인 정신은 질서를 읽어내려 하지만, 시간의 흔적을 쫓는 일은 무질서를 헤아리는 일'이라는 것이다. 기억의 불완전성에도 불구하고 우리의 판단력, 대인관계, 가치관은 이 기억에 의존하기에 현실과 충돌하기도 한다. 또한 나이가 들면 삶 전체를 회고하게 된다. 인간은 생애 전환기에 이르면 특히 자기 삶의 여정을 되짚어 현재의 자신에게 도래한 모습을 바라보며 혼란을 느낀다. 차이는 있지만 대부분 생애 전환기에 이른 사람들은 납득할 수 없는 과거의 혼란스러운 사건들, 해명하고 싶지만, 맥락을 파악하기 어려운 사건들, 회복하고 싶은 명예와 감정이 기억 속에 흩어진 조각처럼 쌓여 있다. 그 조각을 잇는 것이 내러티브이고, 표현할 수 있는 방법이 예술, 특히 연극이다. 리쾨르[5]에 따르면 체험된 시간은 그 시간을 형상화하는 이야기 속에서 구체화할 수 있다. 그리고 이야기 만들기에서 한 걸음 더 나아가 연극으로 형상화할수록 해석의 깊이는 더해진다. 그 말에 답을 하듯 리어왕은 말한다. "나는 누구인가?" 리쾨르는 "자기가 누구인지 묻는 인간은 이

4　장 아메리(Jean Améry, 1912년 10월 31일~1978년 10월 17일)는 오스트리아의 작가이다. 본명은 한스 차임 마이어(Hanns Chaim Mayer)이며, 제2차 세계 대전 경험을 풀어낸 작품으로 유명하다. (위키백과)
5　폴 리쾨르(Paul Ricœur, 1913년 2월 17일~2005년 5월 20일)는 프랑스의 철학자이다.

야기한다."고 하였다. 내가 누구인지 묻는다는 것은 나의 삶의 역사를 이야기하는 것이며, 자신의 역사를 선형적 시간의 흐름에서 해방해 새로운 의미망과 시간성의 맥락 안에 놓을 수 있어야 답을 구할 수 있다. 50플러스의 시기, 자전적 기억과 회상을 통한 연극은 과거를 돌아보고 그 경험을 극화하고 상연하는 과정에서 지나온 삶에 의미를 부여하고 현재를 살아갈 힘을 얻도록 한다. 인생학교의 드래곤 호 모험에서는 1박 2일 워크숍에서 이것을 짧게나마 경험하도록 한다. 이때의 연극은 짧지만 내러티브의 순기능을 엿보게 한다.

    드래곤 호의 탑승 놀이로 시작해서 제물바치기 순서가 되면, 자신이 살아온 '청년 시절의 꿈' 이야기를 꺼내고, 그것을 몸으로 재현하는 연극의 양식을 빌어 자신을 제삼자로 바라보게 한 후 '빈 의자'[6]를 통해 다시 자신을 직면하게 한다. 이것이 '빈 의자'에 의한 자기와의 대화이다. 연극으로 재현된 누군가의 이야기는 상연되는 순간 타자의 시선과 만난다. 타자의 도움 없는 내 말이나 내 담론은 독백에 불과하다. 내러티브 정체성은 타자를 통해 그리고 타자와 함께 규정되는 것이다. 이야기는 삶의 총체적 연관성 속에서 통일성을 지니며 사회 속에서 타자와 함께 타자를 위해서 훌륭한 삶을 추구하도록 긍정적 의지를 갖게 하는 것이다. 이러한 공동체성을 보다 견고하게 유지하도록 가능하게 하는 것이 이야기를 하고 듣고, 이것을 신체화하여 표현하도록 하는 협력적 활동으로서의 연극이다. 이 과정은 인생학교 참가자들을 다음 단계로 나아

---

6 빈 의자 기법은 게슈탈트 심리치료, 연극치료에서 사용하는 드라마 기법 중 하나이다. 그 자리에 없는 사람과 대화하는 방법인데, 드래곤호의 모험에서는 자기 자신과 대화한다.

가게 하는 진정한 의미의 통과의례가 된다.

'드래곤 호의 모험' 과 '빈 의자' 로 만드는 의례

　　50플러스 인생학교의 교육과정 가운데 내러티브와 즉흥 연극을 하는 1박 2일 워크숍은 교육과정의 중요한 꼭짓점이다. 워크숍 이전과 이후는 서로를 바라보는 시선, 관점의 변화라는 점에서 다르다. 1박 2일 워크숍은 크게 다섯 개의 프로그램으로 구성된다. 주로 가는 길 버스 안에서 행해지는 경매, 중간 쉼터에서 시詩 해석과 협동의 시간, 도착 후 놀이와 연극-빈 의자, 저녁 후 친교의 시간, 다음 날 아침 '끝까지 가봐야 아는 보물찾기'의 순서다.

　　첫날 오후 3시경 강당에 모여 놀이와 연극 그리고 '빈 의자'를 한다. 연극과 빈 의자 프로그램은 연극의 플레이백*Playback Theater*[7]과 '빈 의자' 기법을 결합한 것이다. 구성원들은 모둠을 이루어 이야기를 나누는데, 젊은 시절 회상에 의한 내러티브 재구성을 선행한다. 이를 상황극으로 공연한 후 다시 빈 의자를 통해 한 사람씩 자신의 젊은 시절과 만나는 즉흥극이 이어진다. '빈 의자' 기법은 심리치료에도 많이 활용되고, 플레이백은 제의적 속성을 지니므로 이 시간은 특별히 시간을 이동하는 타임워프의 경험을 준다. 특히 이들이 수행하는 플레이백과 빈 의자에서는 시간을 역

---

[7] 플레이백(Playback Theater): 1975년 조너선 폭스가 뉴욕에서 시작한 즉흥 연극 양식이다.

으로 배치한다. 빈 의자에 현재의 자신이 앉아 있다고 상상하고, 그에게 말을 거는 주체는 젊은 시절의 역할을 입은 자신이다. 이것은 일반적으로 현재의 자신이 과거의 자신에게 말을 거는 형식을 뒤집은 것인데, 이렇게 역할 입기를 역으로 유도하는 까닭은 놀이성을 가미하여 심리적 부담과 무게감을 덜어내고자 한 것이다. 이렇게 자신의 이야기를 연극으로 표현하는 것은 실제로 경험하는 사람에게 가장 신선한 충격이 된다. 다음 날 아침, 모두 둘러앉아 1박 2일 동안 얻게 된 깨달음, 노년을 맞이하는 사람으로서 지녀야 할 삶의 자세, 관계를 풀어가는 방식에 대하여 소회를 나누는 시간을 갖는다.

이렇게 개구쟁이 같은 놀이로 포문을 여는 '드래곤 호의 모험'은 기괴하고 부질없어 보인다. 그렇지만 이 모험은 선한 시민문화로, 나이 듦에 대한 불안 대신 지혜롭게 자아를 통합하게 하고, 연대감을 안겨 주는 미적美的 통과의례가 된 것 같다. 이를 거친 사람들은 '조금은 다른 삶에 용기를 더하여' 함께[8] 크고 작은 꿈을 이루어 가고 있으니 말이다.

---

8   총동문회 산하 900여 명에 이르는 구성원, 수많은 커뮤니티 활동, 그리고 오플쿱 협동조합 결성 후 다양한 활동을 이어가고 있다.

2024년 서울 50플러스 인생학교 23기 교육과정 워크숍

2024년 서울 50플러스 인생학교 23기 교육과정 연극수업

2024년 서울 50플러스 인생학교 23기 교육과정 빈 의자

2024년 서울 50플러스 인생학교 23기 교육과정 졸업공연

로컬의 시대 경기도 문화원의 변신을 위하여